Silvia Szymanski
Kein Sex mit Mike

Zu diesem Buch

Über das Sexualleben der Großstädter wissen wir bestens Bescheid: In Berlin, New York oder Paris geht die Post ab – Stoff für jede Menge prickelnder Romane. Doch wie ist es um den erotischen Alltag in der deutschen Provinz bestellt? Silvia Szymanski ist eine ausgewiesene Spezialistin der unerschrockenen Provinzerkundung. Und sie erzählt in ihren hocherotischen Geschichten von Moumou und ihrer Freundin, die eine Schwäche für dicke, faule und unanständige Männer wie Mike haben, aber auch von pubertären Initiationsriten, erregten Tennislehrern und vom Motel Geilenkirchen. Ihre scharf beobachteten Schilderungen haben einen Sinn fürs Tragikomische und sind gewürzt mit einem naiven und manchmal derben, schlagfertigen und eigenwilligen Ton.

Silvia Szymanski, geboren 1958 in Merkstein, ist Autorin und Sängerin der Rockband »The Me-Janes« und lebte in Ubach-Palenberg, bis sie der Inspiration wegen nach Herzogenrath-Herbach umzog. 1998 erschien ihr vielbeachteter Debütroman »Chemische Reinigung« und zuletzt ihr Roman »Agnes Sobierajski« (2000).

Silvia Szymanski

Kein Sex mit Mike

Erotische Geschichten

Piper München Zürich

Ungekürzte Taschenbuchausgabe
Piper Verlag GmbH, München
April 2001

Umschlag: Büro Hamburg
Stefanie Oberbeck, Isabel Bünermann
Foto Umschlagvorderseite: Stone/Getty Images
Foto Umschlagrückseite: Ekko von Schwichow
Satz: Dörlemann Satz, Lemförde
Druck und Bindung: Clausen & Bosse, Leck
Printed in Germany ISBN 3-492-23269-8

INHALT

HOW LONG HAVE I BEEN SITTING HERE WAITING FOR YOU, LOVE

Ich sollte mit Mia und Jürgen in den Tierpark, dann käme ihre Mutter mich ablösen. So war das mit der Babysitter-Agentur besprochen, und ich hatte ja gesagt und kam so ins Programm »Offizielles soziales Leben« und mußte mich zusammennehmen für Geld.
Mia und Jürgen kamen im Bus ins Gespräch mit einer netten alten Frau, und ich kam neben einem Jungen zu sitzen, der mich anlächelte und in dem Moment aussah wie ein algerischer Sänger, den ich heimlich mag und der immer so feste lächelt, daß es wehtut oder weil es wehtut.
Leider sagte der Junge bald tschüß und stieg aus. Ich will mehr, viel mehr. Er vielleicht auch. Doch mehr geschah nicht.

Die freundliche Oma hatte uns fehlgeleitet. Unser Bus war richtig gewesen, aber sie hatte behauptet, wir müßten umsteigen, und so warteten wir eine halbe Stunde auf den nächsten richtigen Bus in diesem gefährlichen Bushof, in dem schon viele Kinder von Kindern bedroht und ausgeraubt worden waren, die Zeitungen berichteten darüber. Gib mir dein Taschengeld, oder ich steche dich mit meinem Taschenmesser, du Fixer (Wixer, Fixer, sie kennen keinen Unterschied). Beamte hatten alle Toiletten des Bushofs zugemauert gegen den Rauschgifthandel, und so gingen Mia und ich im »Pizza-Hut« betteln um einen Anschlußplatz an die unterirdischen Abwasserkanäle. Jürgen schämte sich für uns. Er fand es einzig richtig, ein

Mann zu sein und sich an eine Wand zu stellen und in die Freiheit raus zu pinkeln. Mia wollte, daß ich ihr den Po abputzte. Das ist nicht schlimm, es sind mit 5 noch keine Haare dran, in denen was hängenbleiben könnte, und sie ließ sich bereitwillig den Kopf zwischen meine Beine klemmen, damit ich besser rankam. Danach kaufte sie sich am Kiosk ein Schokoladencroissant und ließ ihren Bruder beißen.
Das sind ja interessante Geschichten, die ich hier erzähle!

Einen Pfau muß wohl jeder Mensch schön finden. Man fragt sich, was die Natur sich dabei gedacht hat, denn was nützt ihm das? Er schlägt sein Rad ja nicht für uns, sondern für Frauen seiner Tierart. Er trippelte um seinen Schwarm herum und raschelte erregt und demonstrativ mit seinem schönen Schwanz. Die Pfäuin drehte ihren Kopf weg und wusch ihre Federn gleichgültig und eingebildet, obwohl sie viel unscheinbarer war als er. Der Pfau begann, an sich zu zweifeln.
»Weniger wäre wahrscheinlich mehr«, dachte er selbstquälerisch. »Sie steht nicht auf Potenzprotze. Ich finde sie ja auch kultivierter in ihrer Schlichtheit als mich mit diesem kitschigen Prunkteil am Arsch. Es war albern, damit Eindruck schinden zu wollen.«
Er schämte sich und faltete sich wieder zusammen und schleifte seine Federn besiegt hinter sich durch den Dreck, als er in seine Ecke zurückschlich.
In einem anderen Käfig saß auf einem Brett hoch an der Wand ein männlicher Affe und betastete mit todtraurigem Gesicht seine riesige, feuchte Erektion. Er probierte, wie sie schmeckte. Er störte sich an nichts um ihn herum. Er hatte was gefunden, das ihn von hier wegbrachte.
Ich mag steife Schwänze auch bei Tieren. Sie sehen gut aus und unpassend, wie eine Offenbarung. Obwohl ich mich

manchmal ein wenig vor ihnen fürchte, appellieren sie doch zugleich auch an mein Mitgefühl, auch wenn sie mich nicht meinen.
Was geht mich denn der Schwanz des Affen an? Ich glaube nicht mal, daß der Mensch von ihm abstammt. Vom Mann, vom Gott, vom Affen – sie haben mir schon zu viele Bären aufgebunden.
Der Affe starrte jetzt mich an. Es wird beim Sodomievorwurf an Menschen zu oft außer acht gelassen, wie oft die Initiative vom Tier ausgeht. Es geht nicht so sinnvoll geordnet zu, wie Darwin sich das dachte. Es wird feste aneinander und an seiner Bestimmung vorbeigeliebt.
Wäre rotzige Milch rausgekommen wie bei Jungen? Er zögerte es zu lang raus. Die Kinder wollten weiter. Wir kamen zu den Emus, die wie animierte Dino-Puppen aussahen und Rosenblüten fraßen, die wir ihnen überreichten. Es stand »Bitte nicht füttern« dran, und Leute guckten strafend. Aber Rosenblüten! Meine Güte.
Mia kam aufgeregt von einem Käfig.
»Silvia!« rief sie. »Weißt du, was passiert ist, der Beo hat ›bitteschön‹ gesagt!«
»Hast du denn auch ›dankeschön‹ gesagt?« fragte ich, und Mia lief gläubig zurück und sagte dem Beo »dankeschön«.
Manche Leute blickten mich verdrossen an, weil ich ein Kind verarscht hatte und dabei auf einem Holztisch am Kiosk saß, statt auf einer Bank daneben. Sie argwöhnten, ich hätte vielleicht keine Unterhose unter meinem Rock und mir meinen Po nicht abgeputzt.
Zu den Ziegen durfte man ins Gehege, denn im Streichelzoo gehören die Tiere jedem wie Animiermädchen. Sie waren aber auch selber aufdringlich und durchsuchten einen militant nach Futter mit ihren sturen, borstigen Körpern und den behornten, harten Köpfen. Ein kleiner Junge hatte entdeckt, daß sie gerne an was saugten, und lief, abgedreht

vor Begeisterung, herum und bot jeder Ziege sein Hemd zum Nuckeln an. Es war schon voller gelber Flecken von ihrem Speichel. Eine kleine Ziege, die gerade geboren worden war, wurde fast totgestreichelt, weil sie so süß war. Sie lief vor ihren Verehrern davon, bis sie zu schwach dazu wurde. Dann lehnte sie den Kopf gegen die Wand und ließ sich von hundert Händen streicheln, zitternd und völlig fertig mit den Nerven. Es gab Mädchen im Krieg, über die rutschte in einer Nacht eine halbe Armee, und am Morgen waren sie tot. Die Menschen haben kein Gefühl für Kollektivschuld.
»Ich hab die kleine Ziege geküßt!« rief Jürgen mir erregt zu. »Und ich hab an ihrem Arsch gerochen! Er stank kein bißchen! Sie hat noch nie geschissen! ICH LIEBE ZIEGEN!« Eine sehr spezielle Art der Jungfräulichkeit, auf die er da abfuhr.
Später stritt er sich mit seiner Schwester im Sandkasten wegen Sand. Sie kriegte eine Ladung ins Gesicht und fast einen Tritt in den Bauch, den ich vereitelte. Dann war mein Dienst zu Ende.

Die Gegend, die sich an den Tierpark anschloß, war schön und verwildert. Ein alter Bolzplatz kochte hier in der Sonne. Da war ich schon mal mit dem kleinen Ricki gewesen. Wir hatten den großen Jungen beim Spielen zugesehen. Ricki hatte den Rasen untersucht und am Zaun gerappelt und mit vor Konzentration triefendem Mündchen die großen Jungen beobachtet.
»Jungen?« fragte er mich.
»Ja, das sind Jungen«, bestätigte ich, als redeten wir über äsendes Wild. Die Jungen grinsten. »Alles Jungen. Genau wie du. Du wirst auch mal so ein großer Junge, und dann kannt du auch mit den anderen großen Jungen Fußball spielen.« Da staunte er.

Nach langer Zeit sagte er, er wolle jetzt nach Hause gehen, aber er konnte nicht begreifen, daß er dafür den Fußballplatz hinter sich lassen mußte. Wir machten mehrere Versuche wegzugehen, aber er lief immer nach ein paar Metern zurück auf den Platz. Er schien nicht einzusehen, daß man manche Dinge nur tun kann um den Preis, andere zu lassen. Einmal hatte er einen großen Stock gefunden, dessen rüde, archaische Ausstrahlung ihn mit Ehrfurcht erfüllte und mit dem er instinktiv auf den Boden stampfte wie mit einem Mörser. Dann aber wollte Ricki sehen, wie sich der Stock verhielt, wenn man ihn ins Wasser schmiß. Er schleuderte den Stock in den Kanal und verstand nicht, wieso er dann unwiederbringlich unten lag – in den Brennesseln, denn er hatte das Wasser nicht mal getroffen. Er tat mir leid, aber ich konnte ihm nicht helfen.
»Morgen wieder hingehen. Papa Stock zeigen«, tröstete er sich. Armer Ricki. Seine Gehirnhälften waren wohl noch nicht genügend zusammengewachsen.

Auf den verwilderten Obstwiesen standen die Bäume still in der heißen Luft. Ihre Äste waren schwer von Früchten, die niemand wollte. Trotzdem braucht man sich deshalb nicht verrückt zu machen; sie fallen hin und lösen sich auf, man braucht sie nicht zu sammeln und zu nutzen, ihnen ist das piepegal.
Ein Ast voll prall gewölbter, goldgelber Birnen war heruntergekracht, und jetzt nuckelten Wespen an seiner nektarartigen Fäulnis. Waldameisen bewegten sich wie Trickfilmtiere unter den trockenen Lärchennadeln am Boden im Wald. Sie trugen ihre Reiskorn-Eier. Mückenlarven zuckten in den Pfützen, und Kaulquappen blubbten durch den feinen, grauen Schlamm. Gewittertierchen krümmten ihre Popos auf meiner klebrigen Haut.
In den warmen Brettern eines verfallenen Schuppens steck-

ten rostige Nägel. Schwer bewaffnete Brennesseln standen davor. Und neben ihnen saß, an die Bretterwand gelehnt, ruhig ein bekiffter Mann.
»How long have I been sitting here waiting for you, love?« sang der Mann mehr, als daß er es sagte, selbstsicher in seiner Verträumtheit. Es wirkte, als hätte er schon Ewigkeiten an diesem Schuppen gesessen und die Sonne hätte mit ihrer goldenen Zunge an ihm geleckt. Er war ganz eingekuschelt in seine meditative Geilheit und schaute gleichmütig durch seine schattigen, umflorten Augen nach draußen wie aus einem warmen Bad im eigenen Saft. Seine Stimme klang, als käme sie aus seinem Unterleib geflossen.
»Willst du meinen Schwanz trinken?« fragte er freundlich. »Er ist voller Honig und Milch, du Schöne. Willst du ihn haben? Du kannst ihn haben. Du kannst ihn beißen und lecken, willst du das? Ich weiß, daß du es willst. Komm näher, Liebling. Hab keine Angst. Er ist nur ein Tier, das gestreichelt werden will. Ein Stück Obst, das du verschlingst. Komm und erlöse mich, mein Schatz. Pflücke meine Frucht. Zieh das Brot aus meinem Ofen. Du wirst es nicht bereuen.«
So sprach der Mann wie die Dinge in »Frau Holle« und streckte seine Hand nach mir aus. Er klopfte auf den Platz neben sich. Seine Hand war trocken wie Leder. Er nahm meinen Kopf in seine Hände und schmiegte mein Gesicht an seinen Bauch und raunte weiter diesen Unsinn in mein Ohr.
»Soll ich ihn dir vorstellen?« fragte er, leise kichernd, und ließ ihn aus seiner Hose frei wie man den männlichen Hauptdarsteller von hinter dem Vorhang auf die Bühne holt. Er ließ ihn sich vor mir verneigen, wobei er ihm schon ziemliche Gewalt antun mußte.
»Gefällt er dir?« fragte der Mann und betrachtete ihn liebevoll. Nackte, steife Penisse sind deplaciert und frech wie

Zungen, die die Natur dem Anstand rausstreckt. Er sah mich glitzernd an.
»Gib ihm einen Kuß. Sag: Das ist der schönste Schwanz, den ich je gesehen habe. Sag: Steck ihn mir so tief in den Mund, daß ich fast nicht mehr atmen kann.«
»Fast« ... immerhin. Ihm lag also was an meinem Leben.
Wie im Traum, ohne Gedanken, probierte ich mit meiner Zungenspitze, und er gab mir mehr von seinem Schwanz zu schmecken. Er fütterte mich und steckte mir den ganzen großen Löffel immer weiter in den Mund und ließ mich ablecken. Dann zog er mit einem Geräusch Luft durch seine Zähne und ließ sich los und spritzte meinen Mund voll mit dickem, weißem Samen. Ich mußte niesen.
»Bis in die Nase?« lachte er leise und gab mir einen Kuß.
Er zog mir meinen Slip aus und quetschte sein nun flutschiges, halbweiches Glied zwischen meine Beine. Er rollte es an der feuchten Innenseite meiner Schenkel entlang und ließ es mit seinem Köpfchen durch meine Schamlippen stöbern. Es wuchs wieder an und rutschte in mich hinein. Es lebte, es bewegte sich, und alles, woran es vorbeikam, jubelte ihm zu und verliebte sich.
Der Orgasmus war erschreckend und nicht schön. Er war wie jemand, der sich vollstopft und mästet. Wie die dicke Frau im Märchen, die sich ihre Arme und Beine ausreißt und sie verschlingt, aber sie wachsen immer wieder nach. Mir war fast schlecht von meinem fanatischen Verlangen und meiner entzündeten Gier. Wie sein Schwanz von mir glänzte. Welch ein Schwein ich bin. Ich trage ein riesiges, schwappendes Becken Sehnsucht in mir, und solche Erlebnisse machen es mir mehr bewußt, als daß sie es bleibend beruhigen.
»Weinst du?« fragte er.
Er roch wunderbar herb und ölig nach Schweiß unter seinen Armen.

»Komm, wir gucken uns die Tiere an«, sagte er.
Es tröstete mich, wie sie alle fraßen. Fraßen, damit es weiterging. Sie waren in Käfigen und wollten doch noch leben. Der Affe, damit er morgen wieder an seinem Glied rummachen konnte. Der Pfau, weil er eine neue Strategie bei seiner Pfäuin ausprobieren wollte. Die Ziegen, damit sie immer weiter fressen und meckern konnten, und der Beo wollte endlich lernen, dankeschön zu sagen. Sie alle versprachen sich was vom Leben und hofften sehr, es würde kein Spielverderber sein.

KEIN SEX MIT MIKE

Meine Freundin Moumou und ich haben eine kranke Schwäche für dicke, faule, unanständige Männer mit Hang zur Brutalität und Philosophie. Das könnte jetzt Bud Spencer sein. Aber er ist es nicht. Es ist Mike Malangré.

Mike ist Security bei Rockkonzerten. Er tastet die Leute am Eingang nach Waffen und Flaschen ab. Aber nicht die Frauen, das darf er nicht.

Wohl aus Bequemlichkeit legte Mike die Beherrschtheit und Enthaltsamkeit, die er sich für seinen Beruf angezogen hatte, auch in seinem Privatleben nicht mehr ab; Moumou und ich waren verrückt nach ihm, aber Mike konnte sich durchaus beherrschen. Mike Malangré! So schwer von Kapee! Letzter Versuch.

Wir luden ihn zum Essen ein. Daß er DAS mochte, war ja nicht zu übersehen – und Mike kam! Er ging tatsächlich eines Abends live in Moumous kleiner Wohnung umher, grinste über die Pin-ups nackter Männer an ihrer Badezimmertür und setzte sich auf ihr Bett, die einzige Sitzgelegenheit, die einzige Gelegenheit überhaupt ... Da saß er. Jetzt gehörte er uns.

Mike erzählte von der bösen Gangsterwelt der Rockmusik und wie er sich rächen würde an seinen Herrschern für die Demütigungen, und offerierte uns dazu eine erlesen glitschige Auswahl an Obszönitäten und Gewaltphantasien. Er flößte seine erregend ordinäre Sprache in unsere gierigen Ohren, und wir zwickten ihn begeistert in seinen struppigen Pelz wie Schneeweißchen und Rosenrot den Bären. So spielten wir die Girlies, während Mike ... wie soll man das beschreiben? So was sieht man niemals in den Medien. Aber im Leben gibt's das schon, dieses einfach unglaublich Asoziale.

»Ich lieg jede Nacht bis 5 Uhr wach«, hub Mike an. »Wie, was ich dann mache: Natürlich nichts! Denken. Nachdenken. Wie ich diese Arschlöcher alle anpissen könnte, versteht ihr? Und ich bete. Ja, bete. Daß mich irgendeiner blöd anquatscht, damit ich ihn zerstören kann. Mir ist so schlecht vor Haß und Langeweile. Ich muß kotzen. Ich will meinem Chef ins Gesicht kotzen und seiner Alten in die Fotze scheißen, und er muß ihr meine Scheiße wieder aus ihrem Loch rauslecken, und ich steh daneben und wix mir einen drauf!«

Ein so dicker Mann wie Mike hat etwas von einer schwangeren Asi-Frau oder einer Puffmutter, einem Dickhäuter im Matsch, das alles meine ich nicht, ich meine etwas viel Ungeheureres, Schlampiges und Fäkales, als säße er am Rande der Unterwelt, des Orkus, des brodelnden Anus der menschlichen Kanalisation, er hätte eine Mistgabel in der Hand und einen stinkenden, fauligen Ziegenfuß.

Aber ich konnte mir seinen Schwanz nicht vorstellen. Es ist überhaupt für eine Schriftstellerin zum Verzweifeln, wie wenig man sich was vorstellen kann, das man noch nie gesehen hat. Es ist fast wie mit Gott. Alle Vorstellungen wirken widersprüchlich, spekulativ, kitschig, übertrieben. Ängste mischen sich hinein. Legenden.

»Dicke sehen ihre Schwänze gar nicht. Sie verschwinden in Fettfalten. Die mußt du erst rausziehen, und dann sind sie ganz klein.«

Haben die Leute, die das berichten, das wirklich mit eigenen Augen gesehen? Für mich klingt es wie alte Reiseberichte früher Entdecker über kopflose Menschen mit Augen in der Brust oder Frauen mit bezahnten Mösen:

alles erfunden. Aber dann fällt mir das Schnabeltier ein. So was gibt es. Da hättst du auch gedacht, das gibt's doch nicht.

»Meinst du, er ist gut im Bett?« hatte Moumou mich gefragt, aber ich konnte es mir nicht vorstellen. Doch, aber ich stellte es mir fies vor. Ich bin nicht Herrin meiner Phantasie, sie gleitet allzu leicht mit mir in Abgründe, verliert sich in dunklen Pfühlen – mich ekelt dann vor mir, ich leide selbst darunter.

Wenn ich lüstern auf Mikes dicken, hart gespannten Bauch schielte, stellte ich mir vor: Darunter hängen jetzt seine pelzigen Eier. Die wird man ja wohl sehen. Dann die Pobakken, die sind bestimmt sehr groß. Was ist, wenn sich dazwischen, drinnen was versteckt? Wie bekommt man das sauber, wenn es so dick ist, so tief hineingeht bis zum Po-Loch? Verschmiert das nicht auf dem Weg? Ich meine, wenn man sich den Po abzuwischen versucht, man knüllt das Papier und führt es auf einem unheimlich langen Weg zwischen den Backen durch bis zum Darmausgang, dann holt man da die restlichen Sachen ab, wie kriegt man sie heil heraus, ohne die Backen zu verschmutzen? Und alles an den Wänden entlangzuschleifen? Bleibt darin was hängen? Und was wird daraus?

Eklig, nicht? Bestimmt waren diese Vorstellungen weit weg von aller Wirklichkeit und gemein Mike gegenüber. Ich wollte so doch gar nicht denken über ihn. Moumou und ich fanden Mike wirklich erotisch.

Wir erinnerten einander oft an den Abend backstage beim Motörhead-Konzert, als Mike das Hackfleisch von den Brötchen runtergeleckt hatte und dann mit seiner ganzen Hand in den Kartoffelsalat gefahren war und jeden seiner dicken Finger langsam abgelutscht hatte, während er uns in die Augen grinste. Ihn ekelte so leicht vor nichts!

Das war ein gutes Zeichen! Es prädestinierte ihn für Sex. Nur – WIE?
»Wir fesseln ihn!« hatten wir überlegt. »Dann füttern wir ihn sexy wie im Porno.«
Ich würde mich neben ihn aufs Bett setzen und beginnen, ihm die Fritten in den Mund zu stecken. Leider würde mir dabei Mayonnaise und Ketchup aufs Dekolleté tropfen, und Mike …
Aber bin das ich? Ist das er? Will ich das wirklich?
Machen wir's kurz: Es wurde auch nichts.
Vielleicht lag es an seiner Ungläubigkeit, die ansteckend wirkte. Plötzlich konnten auch Moumou und ich nicht mehr so recht daran glauben, daß Sex mit Mike unser Ernst war. Es kam uns so vor, als hätten wir das nie in Erwägung gezogen, uns nie an Phantasien darüber zu übertreffen versucht. Warum sollte man so was wie Sex überhaupt auf der Erde wollen, wenn genausogut Ballonfahrten oder Besuche im Delphinarium als Freizeitmöglichkeiten zur Auswahl standen? Wir wurden unsicher. Ich fand die Vorstellung plötzlich auch sehr schön, mit einem Buch allein in aller Unschuld im Wald zu sitzen.
Und wir liebten Mike ja auch nicht.
Moumou und ich hatten zwar zuerst gesagt, das sei doch egal, zwei Frauen, ein Mann, das reiche auch so als Kick.
Aber mein Sex bestand auf einmal doch darauf, auch noch Liebe dabeihaben zu wollen. Aber Liebe kam nicht, Liebe war verhindert oder wollte nicht, Liebe war anderweitig tätig, auch von seiner Seite her. Er sprach plötzlich von einem kleinen Frechdachs, einer Wetterhexe, die ein neues Mitglied seiner Crew war, ungewohnt zärtliche Worte aus seinem Mund, und Moumou und ich warfen einsichtig das Handtuch, legten es zusammen, machten ein Kreuzzeichen darüber, ließen die Finger davon und schlichen rückwärts weg auf Zehenspitzen.

Mike bedankte sich nett für das Essen und ging, fröhlich und frei, von uns. Kein Gott, kein Monster.
Auch wir waren frei.
Wir würden uns mal wieder einen Film angucken müssen.

BABY LOVE

Gefangen. So hab ich mich immer gefühlt. Es gab nur das Klettern von Käfig zu Käfig, durch Wohnungstüren und Körperöffnungen. Man kann höchstens versuchen, dafür zu sorgen, daß der Käfig groß ist und golden. Auf die Gesellschaft anderer Haustiere darin legte ich keinen Wert. Ich habe meinen Mann in einer Strip-Bar kennengelernt. Damals trat ich dort unter einem Künstlernamen auf: Baby Love. Baby Lovebird in a golden cage. Man ließ einen Käfig auf die Bühne, und ich schwang darin auf einer Schaukel zu Easy Jazz. Dann stieg ich träge ab und tat einsam und wusch den Spiegel mit meiner Zunge. Meine Kleider waren mit Flaumfedern besetzt, und ich zog sie aus, als würde ich mir vor Traurigkeit Federn ausreißen. Nackt rieb ich mich an den Käfigstäben, wand mich im Vogelsand und nahm einen großen Hirsekolben vollständig in den Mund. Ich bespritzte mich im Planschbecken mit Wasser und tröstete mich mit Spielzeug. Die Gäste steckten ihre Hände in den Käfig, streichelnde, fummelnde Hände mit Geldscheinen wie Futter. Sie wollten den großen, bleichen, blonden Vogel mit den dicken Brüsten anfassen. Mein Mann steckte mir den größten Geldschein rein. Er winkte mit einer prachtvollen Voliere; davon träumten alle meine Kolleginnen, ein sicherer Käfig bei einem reichen, älteren Herrchen. Meins, Fred, war sogar Schönheitschirurg; er würde einmal tröstende Tierversuche an mir durchführen können.

An jenem verdrehten Abend hatte ich ihn auf eine mehrtägige Vortragsreise geekelt. Ich wollte mir einen ungestörten Pornoabend machen. Meine alte Nummer, aber ohne Zuschauer, nur für mich, und bis zum Schluß. Ich hätte mir Männer dazu holen können, aber ich wollte keine Menschen, Tiere, Gegenstände mehr. Ich haßte meinen Trieb dafür, daß er mich immer noch abhängig machte von zumindest Vorstellungen von Lebewesen, zumindest länglichen, dicklichen Dingen. Er machte mich den andern Wixern ähnlich. Vereitelte mir meine sauer erturnte Genugtuung über den angeheirateten Krimskrams. Er machte aus mir nicht viel mehr als ein Haustier, das sich an Schlummerrollen befriedigte oder an hingestreckten Unterschenkeln gnädiger Hausfreunde. Diese Männer, die ich mir manchmal doch noch genehmigt hatte, sie hatten mich gekippt wie einen Whisky am Rande, immer auf dem Weg zu vermeintlich Wichtigerem. Was sollte das wohl sein? Was glaubten sie, wer ich war? Eine Frau wie ich bedeutete mehr als alles, was diese Männer interessierte und woraus ihre Leben bestanden. Wahrer Sex geht um Leben und Tod, doch sie wollten nichts wissen von dieser strudelnden Tiefe und Nässe im schwarzen Loch im Zentrum des Universums und jeder kleinen Sache, vom Nichts. Und hielten sich damit für gute Liebhaber. Dabei steckte in meinem klapprigen römischen Vibrator noch mehr Liebe.

Der Hausgong ging.

»Ja?« bellte ich in die Sprechanlage.

»Lassen Sie mich rein«, flüsterte eine junge Stimme. »Verstecken Sie mich, bitte! Sie sind hinter mir hier. Sie wollen mich wieder einsperren. Bitte!«

Danke. Wenn ich nicht lebte, müßte man auch ohne meine Hilfe klarkommen. Aber der Mutterinstinkt zuckte, langte schließlich rüber und drückte den Öffner. Sollten sie

doch alle reinkommen, wenn sie glaubten, hier drin wär's besser.
Er war höchstens 17. Nicht alt genug, um in einem Wanderkäfig aus Blech zu fliehen. Naß wie ein Küken, vom Wasser, das wild aus den Wolken tropfte. Wie heißt du? Johnny? Johnny, du mußt dich ausziehen und deine Sachen am Kamin trocknen, sonst erkältest du dich.
Er gehorchte wie ein Kind.
»Was hast du denn ausgefressen, Johnny, daß sie dich suchen? Aus dem Internat ausgerissen?«
»Nein. Ich habe meine Mutter und meine Schwestern gevögelt und erschlagen«, sagte er verlegen. »Glauben Sie mir nicht? Hier, mit diesem Beil!«
Er ließ mich in seine Sporttasche gucken.
»Ich finde das besser«, erklärte er traurig. »Es ist schöner, wenn das Leben danach nicht mehr weitergeht. Alles, was nach dem Sex kommt, spottet doch nur über das, was heilig war in dem Moment. Es geht über Gefühle hinweg und macht einen glauben, man hätte sich getäuscht, alles wäre doch nur relativ. Aber der Tod ist nicht relativ!«
Er sah mir ins Gesicht und zitterte. Er öffnete Freds Bademantel über seinem Körper und führte meine Hand zu seinem Ständer. Seine Augen waren weit, glänzend und wach. Wunderlich großartig. Deplaciert lebendig wie ein Schrei. Es biß sich in mein Herz und bohrte sich in meinen Bauch. Sie sollten das nicht kriegen. Sie sollten es nicht jagen und wieder einsperren. Ich würde ihm Geld geben, er sollte frei sein.
Es ist so ein hirnloses Treiben von Männern und Frauen. Es ist so uralt, sie wissen schon gar nicht mehr, was sie damit wollen. Sie wackeln wie Wellen. Sie bewegen sich unbegreiflich sehnsüchtig einer Kraft entgegen, die sie erlösen, die einen Punkt machen und den Sinn offenbaren soll. Ich hatte ewig keinen Grund mehr bekommen, an

diese göttliche Kraft zu glauben. Als Kind habe ich die griechische Götterwelt für eine ernst zu nehmende Religion gehalten, und alle lachten. Buddhismus ist cool, Islam auf dem Vormarsch, kein Schwein nimmt die Olympier ernst. Aber nun ... Johnny ... tja, tat mir leid für Fred und Kollegen: Dieser Junge war im Sex ein Halbgott. Und seine andere Hälfte war der Teufel, es tat mir gar nicht leid. Johnny zog mich mit seinem Schwanz in die Unterwelt und hob die Zeit auf. Meine Ohren sausten, Stimmen zischten; meine Gliedmaßen lösten sich vom Körper und zappelten wie Fische. Ich hörte mich weit weg tief und verzerrt stöhnen wie eine zu langsam abgespielte Schallplatte unter einer diamantenen Nadel.

»Gefällt dir mein Schwanz so gut?« sagte er mir fickend heiß ins Ohr. »Du kannst ihn haben. Du mußt ihn braten und essen. Man wird davon groß und stark. Im Ernst! Er hat magische Kräfte! Und ich brauche ihn bald nicht mehr.«

Er schmiegte sich zärtlich an mich.

»Du bist die Größte, Baby Love. Laß dich darin nie mehr von ihnen irre machen. Du steckst sie alle in die Tasche. Ich will keine Frau mehr nach dir. Ich will immer bei dir bleiben, Mama.«

»Alles wird gut jetzt«, sagte er. Er rollte sich zu seiner Tasche und zog etwas heraus.

»Erschrick nicht«, sagte er. »Gleich ist es vorbei.«

Das kleine Beil in seiner Hand sauste mit der Erdanziehung an ihm runter und trennte Mann und Maus.

Scheiße! Nein, ist nicht so schlimm, ist nicht so schlimm, da kann man noch was machen! Ich wählte hektisch den Notruf.

»Nein!« röchelte Johnny. »Keine Ärzte! Das sind doch alles Arschlöcher! Die pfuschen nur an einem rum!«

Er hatte wohl schlechte Erfahrungen gemacht mit Freds

Kollegen aus der Psychiatrie. Nun, damit würde es bald vorbei sein, mit Erfahrungen, den guten wie den schlechten. Er konnte jetzt schon nichts mehr sagen. Er ließ nur noch stoßweise Blut aus sich spritzen, dann verdrehte er seine Augen. Die schöne Farbe lief aus ihm, und seine Seele schwamm darauf vom Leben in den Tod. Er würde es nie wieder tun.

Man kann nicht ewig jung und verrückt sein.

Ich konnte mich nicht in Johnny reinversetzen, ich wußte nicht, warum er das getan hatte. Ich hätte es ihm nicht geraten. Tod und Leben sind mir gleichermaßen suspekt. Man sollte von beidem die Finger lassen. Die Konsequenzen sind zu unkontrollierbar.

Mein Herz tat weh, und die nackte Frau auf Freds Renoir an der Wand war überströmt von Johnnys Blut. Ein junger Wilder hatte ihr alles zugefügt, was er aus seinem schönen Körper hatte rausquetschen können. Er lag ihr zu Füßen wie eine leere Tube. Sie lächelte mild und unheimlich.

Ich kniete mich vor die runde Million senilen Geistes in Öl und schrubbte vorsichtig. Von der Nutte zur Putzfrau, kein großer Aufstieg.

Ich weiß nicht, wie lange ich so schrawelte. Es wurde gar nicht weniger. Es war, als käme immer noch mehr Blut aus ihr wie aus einem Madonnenbild. Wie ein Fluch.

Johnny döste gespenstisch neben mir. Ein Schatten kroch langsam auf ihn. Dann tat der Schatten einen Satz, und etwas schoß wie ein Wusch an mir vorbei und stahl dem Koch ein --- Das war Musch! Mit MEINEM Pimmel! Den hatte Johnny mir versprochen! Ich gleich hinterher. Ich hatte in meiner Putzwut wirklich nicht gut genug auf dies mein Erbteil aufgepaßt und sah fast zu spät, wie Freds Katze, den Schrumpel im Mund, unters Sofa wetzte, in berechtigter Panik, ich könnte ihr den Schmaus streitig machen. Sie war voller Flusen, als ich sie kriegte, aber sie hatte noch nichts abgebissen. Er war von allein so klein geworden, so mickrig, und weich. Pimmi, der große Pimmi, der sich einst so aufgeblasen und auf sich beharrt hatte. Armer Pimmi. Die Vögel, die am Morgen singen, holt am Abend die Katz – das darf dir nicht geschehen. Ich entriß dem knurrenden Viech die mir bestimmte Reliquie.

Man kann sich nicht in jeder verquasten Situation geistig gesund verhalten. Ich warf also, Johnnys letzten Willens eingedenk, den Herd an. Junge Junge, Blut wegputzen, Pimmel kochen, heut war wohl Hausfrauentag, was? Musch fauchte haßerfüllt, als ich das runzlige Glied in der Fettpfanne brutzeln ließ. Wie eine Hexe kam ich mir vor; eine von übertriebenem Skrupel verzerrte Selbstwahrnehmung. Ich führte die Gabel zum Mund. Das ist sein Leib, dachte ich und weinte.

Es schmeckte überraschend gut. Buttrig, etwas nußartig, und ein behagliches, intensives Wärmegefühl durchpulste mich wie eine tröstende Stärkung. Ich dachte sogar daran, mir noch mehr von ihm irgendwo abzuschneiden. Aber Vorsicht, ich würde noch zu müde zum Leichenschleppen werden, wenn ich mich so vollstopfte. Ich fing langsam an durchzudrehen. Aber wenn Hysterie auch oft dem Leben gegenüber eine durchaus angemessene Reaktion ist, so wäre der Verzehr einer Leiche doch nur ein scheinbar vernünftiger Weg, sich ihrer zu entledigen! Klar, die Vorstellung, Johnnys Körper noch einmal zerkaut durch mich gleiten zu spüren, erregte mich. Selbstverständlich reizte es eine liebende Frau, den toten Geliebten danach gleichsam wiederzugebären, aus finsterster Pforte, wie eine perverse, gruselige zweite Mutter. Doch wäre es am Ende wirklich schön, Johnny in den Abort zu bestatten? Klumpig, stinkisch und fasrig immer tiefer in die fremde, kalte Kanalisation hinein? Und wollte ich mich im Ernst dafür die ganze Nacht an den Herd stellen und kochen? Nein. Ich wollte lieber Auto fahren. Ich würde ihn ins Auto packen und vergraben, irgendwo.

Ich lehnte den Schwanzlosen an den Rover unten in der Garage. Ich brauchte ein Päuschen. Ich war fertig mit den Nerven, aber ich mußte mich loben, ich hatte einen klaren Kopf behalten und alles richtig gemacht. Freßsucht, Sentimentalität, Hausfrauenmanie, all diesen Tücken meiner weiblichen Psyche hatte ich in einer extremen Situation zu widerstehen gewußt. Nur zur Toilette hätte ich mal dringend gemußt. Ich hatte so ein dumpfes Gefühl, als hätte ich auch noch die Periode gekriegt. Normal bin ich jedesmal erleichtert über diesen unendlichen Wiederholungsstrich durch die Rechnung des Fortpflanzungsauftrages. Doch der kommt immer in Momenten! Das WAR wohl heut mein Blut-Tag, Leute, echt! Ich ging lieber noch mal rauf.

Als ich wieder unten eintraf, hatte sich die Situation leider nicht beruhigt oder zu ihrem Vorteil verändert. Situationen neigen ja im Gegenteil dazu, sich immer noch mehr zuzuspitzen und zu verwurschteln. Scheiße schläft nicht. Ich weiß das und erschrak trotzdem.

Johnny und ich hatten nämlich Zuwachs bekommen. Auf meinem Ex-Lover lag quer ein großes, häßliches Balg. Es war auf sein Gesicht gerollt, und als ich es umdrehte, glotzte es mich weggetreten an: Ein Junge! Nennen wir ihn Fred.

Fred, mein Mann. Er hatte die Augen staunend weit aufgerissen und war, tja: tot.

Er war wohl mit Absicht zu früh nach Hause gekommen, um mich bei was Bösem zu ertappen, und bums, das Böse hatte ihn ertappt. Sein Herz mußte wohl vor Schrecken

stehengeblieben sein. Normal braucht man dazu ein ganzes Leben, aber man sieht, so was kann auch sehr schnell gehen.
Junge Junge. Jetzt mußte ich mich aber setzen. Ich schnorrte mir eine von Freddys Kippen. Lights. Der Gute hatte sich das Rauchen abgewöhnen wollen. Das hatte sich erledigt. Nichts zählte mehr. Alles war auf Null gesprungen.
WAS ZUM TEUFEL SOLLTE DAS HIER EIGENTLICH? Was sollte es bedeuten, daß auf einmal alles starb um mich herum, und daß sich wie von unsichtbarer Hand zwei Kerben in meinen Colt gegraben hatten? Alles war wie ganz von selbst geschehen. Was würde dann wohl erst passieren, wenn ich mich mal RICHTIG für was einsetzte? Ich mußte lachen. Es tat gut. Ich hatte es ewig nicht mehr damit versucht, ich weiß nicht warum. Vielleicht hatte das Lachen in mir mein ganzes Leben lang nur auf den richtigen Anlaß gewartet, und meine Schwermut bröckelte wie eine Maske. Ich spürte, wie Johnnys Schwanz in mir mitlachte, dröhnend, mit wilder, starker Manneskraft, die raus ans Licht und leben wollte. Mit Zeugungskraft. Mit Über-Zeugungskraft, und die würde ich auch brauchen können, denn Polizisten, Polizisten würden sicher kommen. Aber Polizisten würden auch wieder gehen, und niemanden mit großen Titten und hellem Köpfchen mitnehmen! Ich konnte mich nicht täuschen, ich spürte es in meinen Eiern. Nun denn! In den Rover mit euch beiden! Wir fahren irgendwohin, wo es schön ist, und dann lassen wir Gras über euch und die Sache wachsen, ja? Hej! Das ist doch alles kein Problem.
Ich blies den Rauch von der geladenen Knarre meiner Existenz. Die aquarische, weiblich-weiche Trübheit von Säften und Tränen, die immer um mich gewesen war, lichtete sich und eröffnete mir eine atemberaubend weite, klare Sicht,

über die mein nun messerscharfer Verstand flog wie ein Adler. Die Magie des Pimmels hatte sich entfaltet und mein Schicksalsblatt gewendet. Mein Schicksal machte mir den Käfig auf. Es legte seinen Arm um mich und flüsterte: Es ist vorbei mit Sittich, Baby Lovebird. Eagle Woman, flieg! Du bist frei.

EDINE

Ich saß an einem schönen Tag in einem Café und schrieb in mein Tagebuch. Ein Mann am Nebentisch sah neugierig zu mir hin.
»Was schreiben Sie?« fragte er. »Würde ich wohl rot, wenn ich es läse?«
Ich sagte nein, und mein Selbstmitleid schimmerte durch. Er stellte die Kaffeefrage, auf die ich sonst mit Nein antworte, denn es heißt, man wisse ja wohl, was sie heiße, in Wirklichkeit.
Mir war aber nicht nach dieser Wirklichkeit. Ich fühlte mich wirr, ich antwortete mit Ja, und er bestellte mir das obligatorische Gebräu, mit dem schon die böse Schlange Eva in der Illusion gewiegt hatte, es gehe hier nur um Aroma und unverbindliches Geplauder ... Naja. Es muß aber auch wirklich nichts heißen, wenn man zum Kaffee einlädt und sich einladen läßt. Das muß nicht heißen, daß die Würfel gefallen sind. Ich hatte Durst und Lust zum Reden. Ich interessiere mich eben für Menschen, und Männer wollen nicht unbedingt immer nur das eine von einem. Edine, so hieß er, erzählte, er sei Bildhauer und Maler, und als er vorschlug, mir in seinem Atelier seine Arbeiten zu zeigen, hörte ich mich schon wieder ja sagen. So durfte das nicht weitergehen. Ich nahm mir fest vor, ihm gleich zu sagen, daß das nichts heiße.

Sein Atelier war ein enger, verbauter Schlauch, ohne viel Überlegung zwischen zwei größere Hallen gequetscht, die miese Idee eines geldgierigen Vermieters oder mein zugebauter Fluchtweg, haha.

Meine Zufallsbekanntschaft *war* Künstler, das hatte er offensichtlich nicht nur gesagt, um mich anzulocken. Jedenfalls paßte sein Schlüssel in das Loch einer Tür, hinter der sich eine große Unordnung von Werkzeug und Krempel befand, dick mit hellem, mehligem Steinstaub bedeckt. Wir drückten uns vorbei an merkwürdig zusammengeschusterten Collagen und recht kaputten, wenig behauenen Steinbrocken. Auf einer Collage vergammelten in der Mikrowelle verendete Snacks. Auf einer anderen steckten Fischgräten und Hühnerknochen in einer schwärzlichen Ölpest. Die Umgebung wirkte nicht, wie um eine Frau zu verführen, aber wer weiß.

Auf dem Hof spielten Kinder Krieg.

Ich fand einen Platz in einem Sessel beim Fenster. Es war Sommer, wunderbar heiß, ich hatte meinen Minirock an, ich gefiel dem Mann anscheinend, das freute mich doch.

Was für ein wenig einladender Ort eigentlich, aber ich fühlte mich wohl. Ich spürte eine leichtsinnige Lust, mich zu entspannen, wenn nicht zu entkleiden, ihn wenigstens zu küssen, aber wenn ich so anfing, brauchte ich mich nicht zu wundern, als programmiertes Klischee mit ihm auf diesem alten Oma-Sofa da drüben zu enden, das gäbe Verwirrung, das gäbe Staub, und nachher wären meine schönen, schwarzen Klamotten weiß, als hätte ich Geschlechtsverkehr mit Müllern, nichts liegt mir ferner.

Der Mann sah interessant aus, fremd, zugleich verführerisch vertrauenserweckend. Hübsch, wie er mit den Sachen hantierte, um den Alibi-Tee zu machen. Mir gefielen seine dunklen Bartstoppeln, das weiße Unterhemd, die Zigarette im Mundwinkel. Ich habe das auf Fotos von Pariser Künstlern schon mal gesehen, diese Aufmachung, manche finden, diese Leute sähen aus wie Zuhälter. Aber Zuhälter sehen in Wirklichkeit anders aus. Künstler aber wahrscheinlich auch. Ich fand das meiste, was hier als Kunst her-

umstand, häßlich, als hätte jemand absichtlich etwas machen wollen, das niemandem gefallen würde.
Mein graziler Teekoch lehnte ruhig an der Wand, machte sich den Rücken seines T-Shirts schmutzig und beobachtete amüsiert, wie ich versuchte, seinen Werken etwas abzugewinnen und zu verbergen, daß der sonnige Tag, diese Werkstatt und nicht zuletzt er einen Reiz auf mich ausübten.
Als er seine Hand in meinen Nacken legte, zitterte ich verräterisch wie ein Kaninchen, das sich aufs Geschlachtetwerden freut. Edine lachte und zog mich an sich. Er drückte sein Knie zwischen meine Schenkel und küßte mich wild.
Sein Kuß war ein Schock. Es war, als würde mich etwas anderes anspringen, etwas unerwartet Fremdes und Kaltes, das er unter einer menschlichen Maske nur verborgen hatte. Etwas, das mit seinen Händen mein Gesicht zu einem Klumpen Ton quetschte, in dem eine feuchte, große Zunge herumfuhr, die nur geil sein und geil machen wollte, entschieden und vollkommen ohne romantisches Gefühl. Diese Zunge war ein unverschämter, nackter Kerl, der sich rücksichtslos Zugang verschaffte und sich überall reinzwängte, um zu testen wie elastisch ein Frauenmund ist, wie verschiebbar ihr Kiefer, wie deformierbar ihr Gesicht. Er küßt Frauen, wie Picasso sie malte, dachte ich, mit dem Mundloch in der geschwollenen Backe und der Nase zwischen den Augenbrauen. Wo will er nur hin, hier geht's doch nicht weiter, gleich kommt seine Zunge aus meiner Nase raus ... Hilfe, Hallo, Halt.
Mir was das zuviel, ich machte mich los. Sein offener Mund sah dunkel aus wie eine gemeine Höhle, ein gieriges kleines Raubtiermaul.
»Laß uns unseren Tee trinken und wieder brav sein«, bat ich.

»Ja, laß uns brav sein«, sagte er. »Laß uns auf dieses Sofa gehen und noch braver sein!«
»Nein!« weigerte ich mich alarmiert. »Warum muß es immer auf *das* hinauslaufen, wenn man mit einem Mann zu ihm geht?«

Ich saß wieder allein und zerzaust auf meinem Sessel, den Tee in der Hand wie ein englischer Soldat in einer Gefechtspause.
»Muß es nicht«, sagte Edine und lachte leise. »Es muß nicht darauf hinauslaufen. Mein Problem ist nur: Sobald sich eine Frau in meine Werkstatt verirrt, krieg ich einen Ständer! Was soll ich tun? ER hat doch auch Gefühle! Willst du nicht doch ein bißchen nett zu ihn sein?«
»Nein!« log ich trotzig.
Edine sah mich prüfend an. »Gut«, sagte er. »Hast du Hunger?«
Ich sagte nein, ich sagte jetzt einfach zu allem nein, dann konnte mir nichts mehr passieren.
Er verschwand hinter Gerümpel und kam mit einer Melone zurück. Er schnitt ein Stück ab und hielt mir das Messer scherzhaft an die Kehle.
»Iß!« befahl er. Er sah mir in die Augen.
»Warum tust du dir das an?« fragte er. »Du willst doch. Warum nimmst du dir nicht, wenn man dir gibt, was du dir wünschst? Es ist immer dasselbe«, behauptete er weise. »Der alte Kampf zwischen Trieb und Vernunft, nicht wahr? Und wer gewinnt?«
»Natürlich die Vernunft!« sagte ich böse.
Edine lachte. »Niemals!« sagte er. »Die Vernunft siegt natürlich nie!«

Er sah mich schräg von der Seite an wie ein Hund, der spielen will und sein ernstes Frauchen nicht ernst nehmen

kann. Ich fühlte mich ja auch lächerlich. Wie eine blöde Festung. Aber das wird man halt, wenn man bestürmt wird und überrumpelt werden soll. Ich gehe gleich, dachte ich aufgebracht. Tee austrinken, dann geh ich.
Edine stand da, als überlegte er angestrengt. »Moment!« sagte er dann, überzeugt, außer einer Erektion auch eine Erleuchtung zu haben. »Ich habe einen Porno hier. Willst du den angucken?«
Wohlweislich ohne mein notorisches Nein abzuwarten, zauberte er ein blitzsauberes Gerät unter einem dreckigen Lappen hervor und schaltete es an. Auf dem Bildschirm arbeiteten sich zwei langhaarige Rockmusiker für ihre neuen Verstärker ab; die Motive der Frau konnte ich mir nicht vorstellen, vielleicht war sie stolz auf ihre überwältigenden Brüste, vielleicht haßte sie Arbeit im üblichen Sinn, vielleicht war sie ungeheuer traurig und trotzig und wollte sich alles egal sein lassen.
Edine küßte mich wieder, und ohne seine Zunge aus meinem Mund zu nehmen, machte er sich die Jeans auf.

Sein schmerzhaft harter Schwanz kam verlockend und üppig hervor. Er war steil wie bei dieser alten Statue eines Satyrn, auf den Postkarten, die Touristinnen zum Spaß aus dem Griechenlandurlaub ihren Kolleginnen schicken. Schön, fremd, obszön. Verehrungswürdig. Edine versuchte, meinen Kopf in Richtung dieses klassischen pornographischen Meisterwerkes zu drücken. Sein Gesicht sah erhitzt aus, die Augen weit, glänzend und wach.
»Was ist?« fragte er und wollte sich nicht von meiner Halsstarrigkeit aus seinem Traum und dem Film reißen lassen. »Komm, nimm ihn. Bitte! Guck mal, die Frau in dem Porno nimmt ihn auch in den Mund!«
»Das ist ein alter Film«, behauptete ich. »Von vor 20 Jahren. Als noch keiner Angst vor Aids hatte.«

Edine schüttelte den Kopf. »Glaubst du wirklich, ich würde das jemandem antun, ihn mit so etwas zu infizieren? Ich hab den Test gemacht, ich hab nichts.«
Er drückte meinen widerstrebenden Kopf wieder zu seinem Schoß hin und schlug seinen Schwanz sanft, ein bißchen stolz, gegen mein Gesicht. Schöner Schwanz und samtig wie ein wattierter Trommelstock. Trotzdem. Ich drehte meinen Mund weg.
»Ekelst du dich vielleicht?« rätselte er. »Soll ich Sahne drauf tun?«
»Ich hasse Sahne!« sagte ich grimmig. Ich kam mir hartherzig und starrköpfig vor, wie eine Statue, die ein unbeirrbar klopfender Hammer bearbeitet, mit dem festen Willen, daß sie so würde, wie er es sich vorstellte.
Aber die Lippen der Statue blieben geschlossen. Sie traute niemandem.
»Du bist verdammt hart!« fand Edine und meinte damit aber nicht die sehr warme, stocksteife Ursache und Folge menschlichen Lebens, die er gegen mich preßte.
»Na gut«, überlegte er. »Wir machen was anderes.«
Er drehte mich um und zog mir den Slip herunter und schmiegte sein Glied zwischen meine Pobacken, und seine Wange strich über die Haut meiner Schulter. Seine Hand krabbelte zwischen meine Beine und streichelte mein Schamhaar.
»Komm, dann machen wir das, was ich mit meinen Statuen manchmal mache. Leg dich hin. Keine Angst, ich tu dir nichts.«
Er schob meine Bluse hoch und hakte meinen BH auf, und er spuckte auf meine Brüste, etwas, das ich meiner Frauengruppe nicht würde erzählen dürfen.
Ich weiß nicht recht, was ein Mann daran finden kann, zwischen den Brüsten einer Frau zu kommen. Ich dachte, vielleicht würde er das besser mit seinen vollbusigen Steinfigu-

ren machen und war kurz eifersüchtig. Ich stelle mir vor, mit ihren nachgiebigen Dingern kann eine Frau aus Fleisch es einem Schwanz doch eigentlich nicht eng und fest genug machen, aber vielleicht erregt ihn auch das Weiche an Brüsten, das man so gut fand, als man klein war und als Brüste so wichtig für ein Baby waren.
Der Samen spritzte überall hin und machte meinen Hals glitschig, verklebte meine Wimpern und landete auf meinen Lippen, von denen Edine ihn mir selbstvergessen ableckte, bevor er einschlief.

Ich tupfte mit einem Papiertuch ein bißchen nach, die Viren, die bösen Viren.
Ich ging leise zur Tür, aber Edine wachte auf und rief mich zurück.
»Warte! Ich hab noch was für dich!« sagte er und kramte etwas unter dem Sofa hervor. »Eine Erinnerung. Jede kriegt einen. Ich hab 'ne ganze Kiste voll davon. Welchen willst du?«
Es handelte sich nicht um ein »Was bin ich?«-Schweinchen. Die Kiste war voller naturgetreuer, verschieden getönter Nachbildungen seines hübschen, sturen Schwanzes in Marmor. Edine bettete den Schwanz meiner Wahl behutsam in meinen Rucksack.
»Du mußt ihn vorher etwas anwärmen«, sagte er fürsorglich und küßte mich. »Aber er hält ewig.«

MAX, DER CLOWN

Max, der Clown, sollte im Pfarrheim auftreten. Ich ging mit Mia und Jürgen hin. Ich bin ihr Kindermädchen.

Es waren viele Kinder da. Sie tobten aufgeregt über Tische und Stühle und versprachen sich was von dem Nachmittag. Schön für sie. Aber für mich würde außer Geld wohl wieder nicht viel drin sein. Obwohl das doch MEIN Leben war! Hm.

»Mach einmal die Augen zu«, pflegte mein sadistischer Onkel zu sagen, als ich noch klein war. »Na? Was siehst du jetzt? Siehst du was? Was siehst du, nichts? Tja, das ist ›dein‹.«

Ich sah nicht nichts, Onkel. Ich sah Kreise und Gebilde wie unter einem Mikroskop. Vielleicht nutzlos, aber hübsch.

Ich machte auch jetzt wieder die Augen zu. Aber diesmal sah ich wirklich nichts. Ich fühlte nur, wie ich mich vor Langeweile und Abneigung verkrampfte und vertrocknete. Das Leben zeigte mir nur seine entseelte Oberfläche, schmerzhaft, schrumpelig und leer. Ist denn nichts für mich drin, dadrunter?

»Um zu wissen, was in etwas drin ist, muß man es kaputtmachen«, sprach ein grober Geist zu mir. »Wie kommen Bären sonst an ihren Honig?«

Aber ich möchte etwas öffnen und mir etwas rausnehmen, ohne etwas dabei zu zerstören. Mein Bär soll geschickter sein!

Ich hatte genug und machte die Augen wieder auf. Es lohnte sich ein bißchen.

Zwei Jungen von 14 oder 15 hatten ihren freiwilligen Dienst an der Theke begonnen und verkauften den Kindern Limo und Schokoriegel. Der eine hatte eine dicke Nase und flaumig dunkle Barthaare, das war schon mal sehr gut. Er hatte eine nette, naive Art den Kindern gegenüber, und er war ein nackter Junge unter seinen Kleidern, jemand Lebendiges.
Alle sind das, ich weiß, ja, aber sie achten nicht drauf. Es ist für sie nichts Besonderes. Dabei ist das Leben ein großes Geheimnis. Man muß dem nachgehn, das ist wichtig, plötzlich wußte ich es auch selber wieder und begann aufzuleben. DAS ist doch meine Mission, und es gibt so vieles, das ich dabei lernen muß, Jungenbeschwörung, Samenschlukken, aus den Augen lesen und entfesseln! Das ist schwer und anspruchsvoll, und man kann daneben kaum noch arbeiten. Es ist eine große Doppelbelastung, aber ich liebe meinen Job.
Ich lebe undercover. Ich gebe mich neutral und farblos, wenn ich mit den Kindern bin, weil ich denk, das wird erwartet. Niemand weiß dann, wer ich bin. Aber vielleicht soll er es wissen.

Er sah wild aus um den Mund und um die Nase; wild und eingesperrt. Er war aus der Kindheit gekommen und begann, den Betrug zu ahnen. Er spürte, er wurde verarscht von etwas, das ihn nicht kannte, nicht liebte, sondern nur benutzen wollte.
Wenn du dich benutzen läßt, darfst du dazugehören. Dann kannst du später andere benutzen.
Er sehnte sich zu leben, wie er es schön und richtig fand. Er wollte darum kämpfen.

Ich versuchte, ihm mit meinen Augen klarzumachen, daß er sich hinter mich setzen mußte. Er sollte seine Hand ausstrecken und meinen Nacken streicheln. Komm, tu es

doch. Es ist doch nicht verboten. Die Leute tun es trotzdem nicht, von selber. Aber du sollst es tun. Komm doch. Bitte tu es.
Der Junge sah mich flüchtig an. Er war so jung, aber das ist doch egal, 15 Jahre auf der Welt sind keine kurze Zeit, das ist doch endlos viel.

Er setzte sich hinter mich.
Ich habe es so oft versucht, mit Roulettekugeln, Lottozahlen, Aktienkursen, Sportergebnissen, doch ich hab es nie geschafft, das Leben zu beschwören. Vielleicht kann man nur zaubern, was der eigenen Mission entspricht, und das ist bei mir vielleicht nicht Geld, sondern die Liebe? Ich freute mich und war sehr aufgeregt. Das Licht ging aus, die Show ging los.

Mia und Jürgen setzten sich nach vorn, um ihren Clown besser zu sehen. Das war gut, so war ich frei. Ich war froh, daß der Junge sich hinter mich gesetzt hatte, aber er machte nichts. Er blies nicht in meine Nackenhaare, und schon gar nicht kam seine Hand von hinten über meinen Rücken angekrabbelt. Ich hätte mir doch wünschen sollen, daß er sich NEBEN mich setzte, dann hätte ich ihn immerhin weiter angucken können. Ich war mir nicht sicher, ob von meinem Nacken genügend Magie auf ihn ausging. Ich sah mich um. Er saß gar nicht mehr da.
Wie schade das für mich war, werde ich keinem begreiflich machen können.
Das Leben schrumpfte augenblicklich wieder wie ein Ballon, ich mag das nicht. Alle sahen gleich viel kleiner aus, die Kinder, der Clown, meine Hände, und seelisch war es so, daß alles mich anschrie wie tot und daß der ganze Sinn aus der Welt raus war. Wie schrecklich sie dann aussieht. Ich will sterben, ich will fernsehgucken.

Da kam er wieder.
Er kam von der Toilette, und es war nicht sicher, ob er wirklich gemußt hatte. Vielleicht hatte er den Umweg nur benutzt, um die folgende Aktion natürlicher erscheinen zu lassen: Denn er zögerte nur kurz, dann setzte er sich auf Lücke neben mich.
Seine Ohren waren schön. Es ging so dunkel rein. Die Muschel war wachsgelb und rosa, fest gewunden wie eine Rose aus Marzipan. Das sieht so alt aus, der Plan so eines Ohres. Uralte Wertarbeit, nur damit man etwas hört. Ohne Strom. Nur aus Fleisch und Blut. An seinen Schläfen kamen Haare raus wie Gras, als hätt' sie jemand in die Haut gesät. Die Haut macht diese Haare selbst, aus sich, aus programmierten Zellen. Das klingt wie ausgedacht.
Es ist erstaunlich schwer, zu glauben, daß etwas lebt, obwohl man es sieht. Es hilft nicht, etwa mit einem Blatt statt einem Barthaar anzufangen, weil man vielleicht denkt, das wäre einfacher zu begreifen, weil es kein Mensch ist. Du stehst nur dumm vor diesem Blatt und packst es nicht. Wie kommt das Grün, was macht sich solche Mühe, alles so auszuarbeiten, bis es dann doch stirbt? Wo will es hin? Es ist lebendig. Jede kleine Sache ist ein Eingang in etwas Unendliches. Da will ich durch! Ich will es wissen! Das kann dauern. Macht nichts. Ich bleib dran.
Ich überlegte, wie ich, mit dieser Stuhllücke zwischen dem Jungen und mir, im Sinne meiner geheimen Aufgabe handeln konnte. Ich mußte etwas tun. Ich rückte den trennenden Stuhl näher. Ich sagte: »Ich habe Kopfschmerzen. Habt ihr was dagegen da?«
Draußen prangte groß und breit ein Apothekenschild, aber mir fiel nichts Beßres ein. Wir gingen zusammen hinter die Theke in einen Lagerraum, in dem ein Erste-Hilfe-Schränkchen hing. Es war ja auch ein Notfall. Er löste eine Tablette für mich auf und gab mir das Glas.

»Ich will das gar nicht haben«, hörte ich mich sagen. »Ich wollte nur mit dir allein sein.«
Er kam näher. »Wieso?« fragte er. Ich sagte: »Ich ging davon aus, daß es dir peinlich ist, wenn Leute zuschauen, wie wir uns küssen. – Das war nur ein Witz«, sagte ich, als ich sein erschrockenes Gesicht sah. »Danke für das Aspirin.« Ich kippte es runter. Er sah mich zweifelnd an.
Wir setzten uns wieder zu den Kindern, und er guckte die ganze Zeit. Wir tauchten unsre Augen ineinander. Mir wurde ganz schwindlig davon.
»Ich bin nicht die Mutter dieser Kinder«, sagte ich und wies auf Mia und Jürgen. »Ich pass' bloß auf auf sie, bis um 5.«

Um Viertel nach 5 kam ich am Jugendheim vorbei. Ich sah ihn ein Stück vor mir gehen und holte ihn ein.
»Feierabend«, sagte ich.
»Ich hab auch grad Schluß«, sagte er. »Gehen Sie zum Bahnhof? Dann haben wir denselben Weg.«
Wir gingen eine Weile stumm. Eine banale Wohngegend ohne Atmosphäre war das da, mit viel Abstand zwischen den Häusern, breiten Straßen und viel Wind, weil sie oberhalb der Stadt lag. Farblose Studenten auf Fahrrädern, jemand mit Hund, eine schreckliche Gegend.
»Wohnst du hier irgendwo?« fragte ich ihn.
Er gab mir keine Antwort. Statt dessen blieb er stehen und umarmte mich. Er war etwas kleiner als ich, und er legte seinen Kopf auf meine Schulter. Ich streichelte den fremden Kopf. Seltsam, sich so anzufassen, wenn man sich kaum kennt.
»Komm, wir gehen in den Park«, sagte ich.
Wir setzten uns auf eine Bank. Er legte seine Arme um meinen Nacken und tat mir seine Lippen auf den Mund. Seine Zunge kam sehnsüchtig hinter mein Gesicht, in meinen Kopf. Wir rückten aneinander, und unsere Körper fingen an

zu singen und kamen in einen anderen Zustand. Wir küßten uns so tief wir konnten. Wir kletterten durch einen Zaun in ein Wäldchen. Der Boden war ganz glattgetrampelt von Kindern, Saufpartys oder Leuten wie uns. Tempos, Tampons, Plastik, Pariser, leere Dosen und vielleicht auch Haufen, wir paßten auf, aber wir ließen uns nicht beirren. Wir breiteten unsere Jacken auf dem Boden aus. Wir legten uns hin und küßten uns weiter und krochen übereinander. Die weiche, warme, fremde, nackte Haut unter seinem Hemd. Ich zog seinen Reißverschluß auf und faßte sein Glied an. Ich tat es zwischen meine Beine, und der Junge kam wie Tränen, so warm und heftig. Als er wieder steif wurde, machten wir weiter.

Was das auslösen kann. Dieses Harte, ein bißchen Schneidende, so eine Kettenreaktion von inspirierter Gier oder was das ist. So ein waches und rauschhaftes Rasen, und daß man ohne zu denken weiß, was man tun muß.

Ein Fremder in meinen weichen, schleimigen Wänden. Er fragt nicht mehr viel um Erlaubnis, wenn er einmal drin ist in seinem Asyl. Es ist wunderbar, daß er das tut. Er steckte seinen Penis tiefer in mich rein. Dann drehten wir zusammen durch.

Es war wie unter Strom. Es hörte nicht mehr auf. Alle kleinen Fenster und Türen gingen auf, alle voller Licht, alles war elektrisiert.

Ich hatte gedacht, ich könnte danach zufrieden sein, allein. Aber als ich von ihm wegfuhr, gefiel es mir ohne ihn nicht mehr. Die Zeit warf mit vollen Händen Müll und Unsinn in mein Leben wie ein Narr die Karnevalsbonbons, die alle sammeln und die keinem schmecken. Alles war schlechter als dieser Junge. Schon am Abend hatte ich Sehnsucht, ihn wiederzutreffen, statt fernsehzugucken.

Man kann einen Wunsch nicht aufgeben. Es ist wie bei den

Tieren, die ein vielleicht unmögliches Kunststück üben. Lachse, die einen Wasserfall raufspringen wollen, oder verdreckte Möwen in der Ölpest, die versuchen zu fliegen. Sie müssen es weiter tun. Der ganze Sinn geht doch sonst flöten, und man erlebt nur Dinge ohne ihn. Man muß weitermachen, wenn man was gefunden hat. Also machten wir das.

Wir machen das ewig. Gut, es kann sein, daß ich mal sterb. Aber dann werde ich ihn nachts im Traum besuchen. Ich muß dabei natürlich aufpassen, sonst werde ich noch wiedergeboren, und das will ich nicht. Es ist zu lästig, wenn ich wieder klein bin und Beine, Darm und Blase nicht unter Kontrolle hab wie eine alte Oma. Immer muß ich mich dann schämen, so unerotisch zu sein und so doof auszusehen in den Klamotten, die mir andere dann kaufen. Alle sprechen dann persisch, und ich kann kein Wort verstehn zuerst, aber mein Geliebter ist dann mein Papa. Dann ist er nicht mehr zu jung für mich, aber ich für ihn. Dann können wir erst mal nicht viel machen, wegen Mama. Zwölf Jahre muß ich dann ein Kind sein, aber länger halt ich es bestimmt nicht aus. Dann gehn wir wieder in den Park und spielen unser Spiel, Papa. Und wenn wir nicht gestorben sind, dann leben wir noch heute. Und wenn doch, wo ist der Unterschied? Wir machen immer weiter.

DAS ALLERHEILIGSTE

Es war bei den Tennisplätzen, die damals in den 70ern allerorts gebaut wurden.
Er kam uns entgegen und schob sein Rad, die Sonne strahlte.
Zuerst sah ich nur sein breites Lächeln wie das von Tom Jones, dann die dunkle Sonnenbrille. Haarige Beine, beige Shorts. Und dann sah ich etwas, das ich nicht glauben konnte, obwohl es leibhaftig vor mir baumelte. Es hing vorne aus seiner Hose raus, und es mußte das sein, was ich dachte, aber ich hatte es mir irgendwie anders gedacht, kleiner, ekliger, gemeiner. Ach so! So groß und nudlig sah das aus, so hell wie Haut, wie ein Stück Gummischlauch!
Man hatte mir davon erzählt, aber es war doch ganz was anderes, wenn man es mit eignen Augen sah.
Bei Erregung würde es steif, hatte man mir berichtet, doch so weit war es wohl noch nicht; wir waren ja bloß Kinder, er suchte sicher eine Frau.
Er spielte mit dem Dingsbums rum, er wollte es uns vorführen.
»Kommt ruhig näher!« sagte er. »Ihr dürft es auch anfassen. Ihr braucht keine Angst zu haben!«
Das war, wovor uns unsere Eltern immer gewarnt hatten. Aber jetzt, da es geschah, war es nicht so schlimm, wie ich es mir vorgestellt hatte.
Es sah sauber aus, und der Mann schien freundlich. Wir waren jung, wir waren frei, und es war Sommer.
Immer weglaufen ist doch feige.
Doch da liefen wir.

Von da an argwöhnten Heike, Manuela und ich, überall solchen Männern zu begegnen, wenn wir spazierengingen. Wir starrten auf alle Hosenställe, ob sie auch wirklich zu waren, und ließen ihre Besitzer keinen Moment lang aus den Augen. Heike lief schon weg, wenn sie einen Mann nur von weitem kommen sah. Manuela und ich gingen jedenfalls nie an einem vorbei, der grade an einer Hecke pinkelte.
Unsere schockierte Scheinheiligkeit trieb uns in die Neurose.
So gab es in unsrer Klasse einen Jungen, dem rutschte, weil er dick war, die Hose ein Stück runter über den Popo, wenn er Fußball spielte. Da konnte man den Poritz sehen. Oje! Den darf man doch nicht sehen! Gott, war das obszön!
Wir wurden schrecklich prüde.
Als ein kleiner Junge aus der Verwandtschaft mal die Antibabypillen seiner älteren Schwester aufgegessen hatte, war ich geschockt von beider Unmoral.
Gar nicht hingucken konnte ich vor Peinlichkeit, wenn jemand vom Nabel abwärts eine Linie dunkler Haare bis in die Badehose hatte und gottweißwohin! Einmal wollte mich so ein Junge im Schwimmbad untertauchen, ich wehrte mich, mein Fuß rutschte ab, und der Junge tauchte vor Schmerzen selber unter. Das war peinlich unanständig von ihm, denn man wurde sich durch dieses Verhalten seines Penis bewußt.
Danach war ich in den Jungen verliebt.

*

Ich fuhr jetzt lieber mit dem Minirad herum, so war ich schneller weg, wenn wieder einer gucken ließ. Ich trug ein selbstgehäkeltes Oberteil, Hot pants mit einem aufgenähten Schmetterling und eine Frisur, vorne stufig, hinten lang, wie Suzi Quatro. 13 Jahre war ich alt.

Bei Klaus' Kiosk standen junge, große Männer mit Jason-King-Bärten und Koteletten und gestreiften Hüfthosen, die sexy aussahen, weil man dachte, sie hätten sie sich vor Ungeduld schon halb runtergezogen. Die dicken, verzierten Schnallen ihrer Gürtel waren peinlich und aufregend anzusehen. Verboten sah das aus.

»Sissikus! Hallo, Sissikus!« rief mich da jemand von hinten. Es war Manfred Küppers. Der nannte mich immer Sissikus, er war blöd. Scheiße, dachte ich, Manfred Küppers.

»Wo fährst du hin?« fragte er. »Spazieren? Ich komm mit!«

Manfred Küppers gehörte zu einer sehr kinderreichen Familie. Ich hatte sie mal besucht mit meiner Mutter, es war so eng bei ihnen, ich hab in der Erinnerung, daß sie oben auf den Schränken schlafen mußten, weil sonst kein Platz mehr war.

Im Fernsehn bei ihnen war mal eine Operette gelaufen, in der eine verzückte Frau sang: »Lieber Raul, der Dritte / Komm in meine Mitte«. Diese Operette hatte ich damals unbedingt weitersehen wollen, wenn ich wieder zu Haus wäre, aber dann war sie schon vorbei. Ich habe von ihr oder diesem Lied nie mehr wieder was gehört.

Lieber Raul! Daß jemand Raul hieß! Ich kannte nur Raudi, Tante Juttas Dackel.

Eigentlich muß es ›Komm in UNSRE Mitte‹ geheißen haben. Warum ich mir »meine« gemerkt habe, will ich gar nicht wissen über mich.

»Wo sollen wir hinfahren?« fragte Manfred.

Mir doch egal. Keinen Bock auf Manfred.

»Ich weiß, wie man oben auf die Kirche kommt«, sagte Manfred.

Wir kletterten rauf. Da konnte man runtergucken. Toll. Sagte mir gar nichts. Obwohl ich noch klein war, waren mir derartige Freizeitspäße schon zu banal.

»Morgen ist Fronleichnam. Da tragen sie wieder das Allerheiligste durch die Straßen«, sagte Manfred.
Das »Allerheiligste« war eine schneeweiße Hostie in einem prunkvollen Goldrahmen, der »Monstranz«, die im »Tabernakel« aufgehoben wurde. Warum heilig? Weil es der Leib Christi war, rund und platt wie ein Außerirdischer. Dabei sah Christus am Kreuz nicht aus wie eine Hostie, sondern wie ein Mann mit einer Unterhose, die vorn so obszön geknubbelt war, daß man gar nicht wagte hinzugucken. Du blickst nicht durch bei Religionen, das ist das Geheimnis des Glaubens.
Die Hostie war auch gar nicht wirklich das Allerheiligste, hatte man uns im Unterricht erzählt. Sie war nur eine Membrane über dem eigentlichen Allerheiligsten, das man doch immer noch nicht sah. Vielleicht mit Grund. Das wirklich Allerheiligste war vielleicht sehr häßlich, schleimig, unaussprechlich. Es pulsierte vielleicht in seinem grauen Schleim wie Rotze in der Nase, wenn ein Kind versucht, trotzdem zu atmen; die Rotze bebt, sie lebt!
Bei Kindern noch grün oder gelb, wird das Allerheiligste bei Erwachsenen immer durchsichtiger und weißer, und schmeckt auch dünner, nicht mehr so intensiv und eitrig und entfernt nach Erbsensuppe.
Oma hatte mir mal zu Fronleichnam eine Madonna aus Plastik gekauft, die mit Weihwasser gefüllt war, man konnte es oben aus dem Kopf rausschütten. Sie war schöner als Barbiepuppen, aber Barbiepuppen waren geiler. Ich dachte, echte Frauen hätten auch so harte Brüste.
Wenn wir krank waren, gab uns Oma einen heiligen Schnaps, den Klosterfrau Melissengeist. Dann sollten wir uns hinlegen, beten und schlafen.
Einmal haben wir Omas Katze gesucht, da war sie im Schrank eingesperrt! Und Omas Tochter, die Tante Antonia, hatte spiralig gedrehte Büstenhalter. Die sahen viel-

leicht komisch aus. Wir mußten uns schon sehr wundern, als wir klein waren!
Wir hatten keine Rutschbahn, sondern mußten immer die Treppenstufen runterrutschen. Oma hat mir Rüschenhöschen gekauft, weil sie es so süß fand, wenn die unter meinem kurzen Röckchen hervorblitzten. Aber da muß ich vier gewesen sein, nicht dreizehn, egal.
Mein Cousin konnte chemisch Bonbons machen. »Mund auf, Augen zu!« sagte er. Wir hatten immer Angst, er würde uns dann was Ekliges auf die Zunge legen, er war so ein Typ, aber er hat sich immer beherrscht.
Das waren Zeiten.
Schluß damit.

Es war jedenfalls schon eine exhibitionistische Sache, daß man das Allerheiligste an einem besonderen Tag offen rumtrug und allen zeigte. Ich würde mein Allerheiligstes nicht jedem zeigen.
Dachte ich.

Manfred war an jenem Tag nicht loszuwerden, und so fuhren wir ziellos herum und kamen schließlich in die Gegend von Mau Mau.
Mau Mau war ein Spitzname für eine soziale Siedlung am Gemeinderand, in einer alten Kiesgrube. Es war wie eine Westernstadt. Fahrlässig zusammengeschusterte Buden aus Brettern, Wellblech, Rohbausteinen, Leute draußen, Leute drinnen, Schmutz und Leben, ich war ein Mal mit Papa hier, auf keinen Fall allein hingehen.
Wir waren ja zu zweit.
Manfred kannte hier einen Jungen, Helmut, da klopften wir an. Helmut war allein zu Haus. Es roch schmalzig, schmuddelig, nach getragner Wäsche. Er kam auf die Idee mit dem Guckenlassen.

Ich hatte von dem Ritual gehört. Ich hätte nicht gedacht, daß ich mal bei so was mitmachen würde, aber man soll nie nie sagen, heut war halt so ein Tag, wo man nicht mal »nein!« hinkriegt.
Manfred hielt mich dabei fest.
Sie sahen es sich an und stocherten mit einem Stöckchen respektvoll drin herum wie in einem toten Igel.
Dann zeigten sie mir ihres, aber das von dem erwachsenen Mann damals an den Tennisplätzen hatte mir besser gefallen. Die Jungen waren zu klein. Das waren Pippimännchen, was sie da hatten, alberne kleine Ringelschwänzchen. Putzig und peinlich sah das aus, wenn sie daraus pinkelten; der Strahl so winzig, spärlich, gar nicht männlich.
Wenn Kühe pissen, das ist stolz, das ist eine riesengroße Ladung, die da aus dem Po rausgeschüttet wird wie aus Eimern, da ist nachher die halbe Wiese platt. Und das sind Frauen! Beim Stier hab ich es noch nie gesehen, aber bei einem Elefanten im Fernsehn. Volles Rohr, wie aus dem Überlauf der Dachrinne. Da steckt Kraft drin.
Jetzt legte sich Helmut auch noch auf mich und tat es in mich rein. Es fühlte sich, trotz Mickrigkeit, interessant an, angenehm und unangenehm zugleich, eine jecke Mischung. Man fühlte unmittelbar erst mal fast gar nichts, man mußte sich erst ein bißchen konzentrieren, dann merkte man was. Es war, als würde man an einem Mückenstich rummachen, bis er flatschig und rot ist, und man nicht aufhören kann, sich zu jucken. Helmut küßte mich dabei auf Zunge, eine Zunge mehr im Mund und doppelt so viele Zähne, da war fast kein Platz für ein Gehirn mehr da, man wußte gar nicht mehr, womit man noch denken sollte.
Manfred wollte auch mal. Es kostete mich nicht mehr so viel Überwindung, wie ich gedacht hatte, irgendwie war jetzt bald alles egal. Er konnte es auch. Ich glaube, er hatte es vielleicht schon mal mit seinen Schwestern oben auf dem

Schrank bei ihnen ausprobiert. Helmut stand daneben und zwickte an seinem Zipfelchen herum.
»Laß mich jetzt noch mal!« sagte er rüde zu Manfred und schubste ihn weg. Er pochte hier auf sein Hausrecht, wenn Manfred auch die Braut gestellt hatte.
»Manno!« schimpfte Manfred, ließ aber von mir ab.
Jetzt rammelte Helmut so richtig los. Sein offener Mund biß sich in meinem Gesicht fest, und seine Zunge wirbelte darin herum wie in nem Loch. Wo mein Kopf jetzt war, ob er überhaupt noch mit mir da war, konnte ich nun nicht mehr mit Bestimmtheit sagen.
Plötzlich stöhnte Helmut auf und rollte von mir runter, als hätte er sich weh getan. Manfred sah seine Chance und übernahm. Er machte es langsam, wie ein Alter, er schloß seine Augen wie im Film und ließ es in mir wachsen, es war unglaublich; als steckte ein puppengroßes Kind in mir und würde gedreht und gewendet wie ein Ferkel am Spieß über dem Feuer, mit Öl begossen und gedreht und gewendet, dann kriegte Manfred einen Schub und einen Rhythmus, und es ging nur noch raus und rein, rein und raus, und ich immer mit, immer fester und schneller. Dann schüttelte es Manfred so richtig und er schrie auf, und zugleich passierte mir was, als würde was zerreißen und überkippen und sich ausschütten, aber es war total entspannend irgendwie.

Wir schämten uns tierisch. Wir sagten überhaupt nichts mehr zueinander. Ich fand die Jungen wieder ekelhaft und peinlich und wollte so schnell wie möglich weg. Das war entschieden gewöhnungsbedürftig, was da grad gelaufen war.
Als ich auf dem Fahrrad saß, hatte ich das Gefühl, auf einer Qualle dahinzutreiben, es war nicht wirklich schlecht, es war nur so monströs, Monstranz, ein Monster hatte sich aus uns erhoben, triefend wie ein fauler Teig ... *das* war

vielleicht das Allerheiligste! Deshalb versteckten sie es in diesem baumelnden, alten Tabernakel da! Mein lieber Scholli! dachte ich, jetzt muß ich aber erst mal viel, viel fernsehgucken. Ich geh jetzt erst mal nicht mehr spielen. Ich schlafe viel und lese Bücher. In einem Jahr kann man mich vielleicht ja noch mal fragen.
Aber jetzt ist erst mal Schluß hier mit Fronleichnam.

MOTEL GEILENKIRCHEN

Ich würde niemals einen Job bekommen, wenn ich nicht löge, ich hätt alles schon gemacht und liebte Arbeit! Ich erfinde mich ganz neu für meine Cheffamilie, die reich und flott ist wie Leute aus einem deutschen Krimi. Sie sind von mir angetan und ziehn mich in ihr Vertrauen und erzählen. Wie träg und schmutzig sind die anderen! Alles muß man ihnen nachräumen. Alles zweimal sagen.

Ja, meine Chefs, sie sind niederschmetternd rechtschaffen und fleißig und sagen oft, daß sie beim besten Willen nicht verstehen, wie der und der so faul sein und so viele Fehler machen kann.

»Das muß man doch sehen! Das gibt's doch gar nicht!«

So reden sie. Sie fassen das Leben eng; so wird ein Weg daraus.

Ich versuche, sie milde zu stimmen den verachteten Personen gegenüber, zu denen ich heimlich ja wohl auch gehöre. Ich hasse diesen Job. Doch ich muß »irgendetwas machen«. Und »Irgendwas« ist doch egalwas, oder? Mitnichten, Schaf, mitnichten. Aber das weiß ich jetzt noch nicht. Ich weiß noch längst nicht viel über den Adventskalender Leben mit den Türchen hinter Türchen und den Leichen da im Keller.

Morgens Frühstück, dann die Zimmer, nachmittags die Rezeption. Dafür gibt's so bitter wenig Geld wie in einem Märchen. Doch wie werd ich beneidet!

»Sie sind noch so jung! Sie können noch so viel machen!« sagt mein Chef zu mir, impulsiv, im Vorbeigehen. Er ist ein Gewinner, doch ihm gefällt nicht mehr, was er gewonnen

hat. Jetzt will er lieber wieder frei sein. Chef, komm, wir fahren weg von hier! Sie sind so reich, Chef, Sie können so viel machen! Chefs hörn nicht gerne, daß sie reich sind. Sie fürchten, man erwartet, daß sie Geld verschenken. Sie möchten als so arm gelten wie einer, von dem keiner was erwarten kann.
Ej, Chef.
Fliehen ist kein Ausweg. Bleiben aber auch nicht.

Dieses Motel hat eine tödlich sterile Atmosphäre.
Mein Mund ist trocken von der öden Arbeit hier, die keine ist. Was soll ich denn hier saubermachen? Ich seh hier keinen Schmutz! Das tut's doch alles noch! Diese sinnlose Pingeligkeit, die verlangt wird. Und immer dieses Scheiß-Bonbons-aufs-Kopfkissen-Legen. Das ist doch albern. Das sind doch keine Kinder, die hier wohnen. Ja ja, die Mini-Bar auffüllen, winzig kleine Medizin zu überhöhten Preisen.
Wieso ist das Tageslicht hier so grau? Hilfe, es ermordet mich! Aaah! Ich dreh gleich durch.
Renn weg! Dies Haus ist böse, rette dich! Aber wohin? Dieses Industriegebiet, in dem das Motel liegt, günstige Miete, Autobahnanschluß, es ist wie auf dem Mond, man kann nicht weg, denn alles ist wie das hier, alles.
Manchmal muß ich für meinen Chef oder einen Gast ein Auto durch die Waschstraße fahren. Sie liegt in derselben Straße wie das Motel. Der Mann, der da arbeitet, ist den ganzen Tag allein. Er hat eine Ausstrahlung, halbverrückt und einsam wie jemand in einem Leuchtturm oder der Glöckner von Notre Dame oder ein Sträfling auf einer einsamen Insel. Er spritzt die Autos mit einem Schlauch ab. Im Winter muß ihm schrecklich kalt sein, der Wind pfeift durch die Waschanlage. Er hat dann immer Pullover an, so filzig wie er selber und zu eng, weil er so dick ist. Er verdient soviel, wie ich verdienen sollte, fünf Mark die Stunde.

Aber ich hab mit Chef verhandelt, jetzt krieg ich sechs! Mehr bin ich beim besten Willen nicht wert.
Die Tochter meines Chefs ist groß und blond, die Sorte Mädchen, von denen es heißt »aus gutem Stall«. Auch sie beneidet mich. Ich komme ihr frei vor.
Liebe Leute, keine Angst! Wenn ich so frei und glücklich wäre, wie ihr denkt, würd ich für sechs Mark die Stunde bei euch arbeiten? Warum sollte ich das tun? Weil es so nett mit euch hier ist? Weil ich euch so lieb hab? Ich hab nichts gegen euch und wünsch euch alles Gute, weil mich das ja auch nichts kostet. Aber ich wünschte, ich wär weg. Wenn ich nur könnte.
In den Appartements wohnen nette, supernette Ami-Pärchen mit Baby, Mann bei den Fliegern, Bowling mit Freunden. Sie strahlen, loben alles, wollen vor dem Frühstücksbuffet fotografiert werden, sind entzückt über die Leckerchen auf ihren Kopfkissen. Sie sind aber meistens weg, zum Fliegerhorst, ich glaub, so heißt das wirklich. »Horst«, ein jecker Männername: Horst! Horst, Mensch, Adlernest, beschissenes! Horst, Ernst, Vitali und Kain, so würd ich meine Söhne nennen. Ich würde sie im Kampfsport ausbilden lassen. Sie würden Räuber, und am Abend würden sie ihre geraubten Schätze auf meinen Küchentisch schütten, und ich würde sie verwalten. Ich würde ihnen Konten einrichten und ihr Geld gut anlegen. Ich würde ihnen Fritten machen oder was sie gerne essen wollen. Ich wäre dick und schlampig, ich hätte wilde, schwarze Haare, einen Bart, Krampfadern und Wasser in den Beinen. Ich würde ihnen sagen, wen sie zusammenschlagen müssen.

Rollin, rollin, rollin. Mit diesem Gestell, mit allem, was ich brauche: Mittel, Putzzeug, Eimer, Lappen. Rein in die Zimmer, wischen wo nichts ist. Alle sehen gleich aus, riechen gleich, jeden Tag, sie ändern sich niemals. Ich bin guten

Willens und verzweifelt. Hier IST kein Dreck! Und trotzdem wischen, wegen des Gefühls.
Rollin, rollin, rollin.

In der Woche wohnt in diesem Zimmer hier ein Monster, ich meine ein Monteur. Er fährt übers Wochenende heim zu seinen Eltern. Er hat seine Werkszeitung liegenlassen. Ein trostloses Blatt aus der übertrieben nüchternen Welt arbeitender, technikversessener Männer. Es riecht noch immer ekelhaft nach seinem Rasierwasser in seinem Zimmer. Er ist so streng und dominant wie dieser Duft, der Typ. Ich muß mich mit ihm duzen, weil ich nicht wußte, wie ich ihm das verweigern sollte, ohne ihm damit verletzend zu zeigen, daß ich ihn nicht mag, ich Idiot. Er hat einen akkuraten, dunkelbraunen Bart. Seine Ansichten sind ungewöhnlich kombiniert, er setzt sie mir immer genau auseinander. Ja, dieser Mann, der denkt, der hat seinen ganz eignen Kopf, er hat zu jeder kleinen Sache eine Meinung. Er vertritt einen extremen, selbstbewußten Egoismus, ist für Kriege, harte Strafen, die Ausweisung aller möglichen Leute, die Todesstrafe bei Vergewaltigung, aber er versteht, wenn jemand seine Frau schlägt, weil sie ihn dazu treibt. Mir wird schlecht von ihm und dem, wofür er steht. Ich red mit ihm aus Höflichkeit und Langeweile, und dann werd ich ihn nicht los und kann ja selbst nicht weg von meinem Rezeptionsverschlag.
»Ich würde nie einer Frau hinterherlaufen, und wenn es mich zerreißen würde vor Begierde«, sagt er.
Er soll ruhig sein! Ich will von ihm diese Vorstellung nicht aufgedrängt kriegen, wie er begehrt und wie es ihn und seine Hose zerreißt und wie er es den Frauen übelnimmt, daß er was für sie fühlen muß, und wie er dann auf Rache sinnt. Er drängt mir seine Persönlichkeit so auf, daß sie halb in mich reingeht und ich mich fast fühle, als müßte ich mit

ihm schlafen. Ich müßte in sein falsches Leben, und er würde mich dressieren. Ich würde mich bei meinen Eltern nicht mehr melden, und wenn, sie kämen nicht mehr an mich ran. Ich würd in seiner Küche stehn und kochen. Ich müßte ihn bewundern. Er würde mir Vorträge über seine Ansichten halten. Ich müßte Schnittchen für seine Freunde beim Skatabend machen. Danach würde er mich ficken. Er würde nur an sich denken und finden, daß ich's gut bei ihm getroffen habe. Er würde schreien, wenn er kommt, und ich würde ihn in dem Moment so hassen, daß ich ihn mit kaltem Herzen töten könnte. Das wäre unsre Ehe. Im ganzen Haus würde es nach seinem Rasierwasser riechen oder Duschgel oder Charakter oder was das ist, wonach er riecht wie ein Biber.
Ich bin froh, daß der Mann am Wochenende fort ist. Ich wünschte, er hätte auch seinen Duft mit sich genommen und alle Erinnerungen an ihn in meinem Kopf.

Es ist so still am Samstagnachmittag. Ich habe Hunger, doch nur Zugriff auf die Dose mit den Kopfkissenpralinen. In dieser Atmosphäre glaubt man nicht mehr, daß man lebt. Alle sind jetzt ausgeflogen.
Kein unerbittlicher Monteur. Kein braver Ami-Mann mit Ami-Frau, der lernt zu bombardieren, wo er stationiert ist. Das Telefon macht sein elektrisierendes, schicksalschwangeres Geräusch.
»Motel Geilenkirchen«, singe ich, »guten Tag.«
Schweigen. Räuspern.
»... Mädsche«, sagt es irgendwo in dieser Mondlandschaft, an einem andren Ende. »Soll isch mall rüwwer komme?«
»???«
»Soll isch? Ich hann enne Stieef.«
Zack, aufgelegt. Der Mann von der Waschstraße?
Ringding, das Telefon, schon wieder.

»Du geile Puppe, du. Du machst es mit allen, was? Du schluckst es, ja? Du Sau, du Sau, du Sau ...« Er kriegt sich gar nicht wieder ein.
Er ruft nicht wieder an.
Ich hoffe, er kreuzt jetzt nicht hier auf, um seine Vorurteile gegen mich zu überprüfen.
Vorurteile? Ja. Ich mach es nicht mit allen. Auch wenn mir noch so langweilig ist. Und, beim Satan, ist mir langweilig!
Ich geh jetzt was spazieren hier im Motel.
Ja, stimmt, ich schluck es. Woher hat er das gewußt? Ausspucken ist albern. Man hat oft ganz ähnliche eigene Substanzen im Mund, Schleim, Spucke, Zahnbelag, das schluckt man alles wie von selber, man merkt es gar nicht. Und dann soll man sich, wenn es von einem andern kommt, deshalb anstellen, wenn man sich schon mal so nah ist?
Ich schluck es runter, dann ist's weg. So einfach ist das.

Ist was im Fernsehn? Ich weiß nicht, wie das angeht. Nachher mach ich noch was kaputt.
Im Radio nur Fußballreportagen. Natürlich, blöder Samstagnachmittag!
Oh, diese Dornensträucher vor den Fenstern, ich mag sie nicht, man braucht sie für die vielen Kreuzigungen oder was? Es gibt eine ganze Menge Sorten davon, sie sehen alle gleich aus. Mittlerweile kauft sie jeder für seinen Vorgarten, wenn er es nicht vorzieht, ihn zu betonieren und sein Auto drauf zu parken.

Der Rasen wird gemäht. Ein schwarzer Mann tut es. Er ist hier für ums Haus. Man darf nicht Neger sagen. Ich hab das Wort nie abfällig benutzt, aber andere haben damit gespielt, und jetzt ist es kaputt. »Negerpimmel« sagte Frau Bier zur Blutwurst. So brutal und hungrig. Klar, daß es nach so was dann vorbei ist mit dem Wort.

Jetzt darf man nur noch »Schwarzer« sagen, obwohl das auch nicht freundlich klingt.
»Schwarze« Haut ist gar nicht schwarz. Auch die Nacht nicht. Schwarz ist viel, viel schwärzer.
Der Mann hat stolze, traurige Augen. Er sieht edel aus. Gewänder würden ihm gut stehen, oder ein Anzug und ein Diplomatenauto.
Er kann es sich nicht leisten, so zu denken.
Eines Tages wird er tot sein und ich auch. Wurde das in die Welt eingebaut, damit man sich beeilt? Es soll uns aufrütteln vielleicht.
Ich sehe, wie der Mann ins Haus zur Rezeption geht. Ich muß zurück an meinen Platz.
Er möchte ein Glas Wasser. Ich geb ihm dieses Glas und seh verlegen zu, wie er es trinkt. Mir fällt nichts ein zum Reden, aber ich mag das stumme Zusehn nicht.
Ich mag ja sowieso fast nichts. Ich find fast alles voll daneben. Wär ich doch nur schon tot.
Ich weiß, ich sage das zu oft und denke das noch öfter, es ist schon zur Manie geworden. Ich glaub, ich will mir immer wieder damit sagen, daß mein Fluchtweg offen ist. Daß ich nicht alles machen muß, was verlangt wird. Ich kann auch gehn.
»Dann geh doch rüber«, hieß es früher, als noch eine Mauer da war. Dann stirb doch, heißt es jetzt.
Ich hab das, seit ich angefangen hab, erwachsen zu werden, und es wird schlimmer, wenn ich arbeiten muß. Dann werde ich so klein, und meine Schwäche wird so stark, daß sie mich hinwirft. Jede Sekunde fall ich um, steh wieder auf, fall wieder um. So halte ich mich dran. Das ist der Rhythmus meiner Uhr. Ich leb, ich sterb, tick, ich bin weg, tack, hej, hier bin ich wieder. Ich will einen Hosenanzug. Ich will nichts mehr auf der Welt. Ich will alle Länder sehen, ich will sofort ins Grab. Fahr mich zu den Festen, Taxi, fahr gegen den Baum.

Ich will dahin, wo alles wegkippt und sich öffnet. Es ist Gewalt da, hohe Wellen. Die werfen alles um, und ich werd weggetragen und egal, was aus mir wird. Ich brauch mich nicht darum zu kümmern. Wenn ich sterb, bin ich nicht schuld.

Ich wollte nie ein Kind. Doch seit ich groß bin, hab ich mich statt dessen und muß für mich sorgen. Wenn ich mir nur egaler wär. Ich habe zuviel Angst um mich. Mir fehlt der Mut, im Innern etwas loszulassen, damit es loslegt, aufgeht und Musik macht. Wie Sixties-Soul, wie ein Orgasmus, sorglos, frei.

Ich bin jetzt vollkommen verkrampft. Nichts geht mehr einfach so. Meine linke Backe zuckt, dann ist sie taub vor Mühe, da zu sein. Ich weiß nicht, wie ich aus mir gucken soll.

Ich komm mir vor wie ein modern gemaltes Porträt, alles ist verschoben in meinem Gesicht, als ich versuche, den Mann anzulächeln.

Ob ich manchmal abends in die Disco gegenüber gehe, fragt er mich.

Oh nein. Niemals mehr. Da hab ich mich zu viele Jahre lang gequält hinter der Theke.

»We're all slaves«, sagt er traurig.

Er soll mich nicht so ansehn, sonst sieht er, daß ich häßlich bin. Ich kann da zwar nichts für, aber ich schäm mich. Der Knubbel neben meiner Nase. Das spröde Haar, die ernste, düstere Visage. Er sieht viel schöner aus als ich.

Wir wärn kein schönes Paar. Wie bei so manchen Liebesbeziehungen zwischen schwarz und weiß, würden die Leute den Mann nicht verstehen, wenn sie sich die Frau angukken.

Glaubt er, er wär nur soviel wert wie was er kriegt? Vielleicht ist er seiner müde. Es nützt ihm ja nichts, er zu sein.

»Sie haben also jetzt den Job übernommen, den keiner ma-

chen will?« fragt er. »Wie lange halten Sie's denn aus? Was kriegen Sie? Sechs Mark die Stunde? Alle Achtung!«
Er lächelt.
»Sie haben schöne Augen«, sagt er.
Er soll da nicht hineinschaun. Das ist geschütztes Wasser. Da wohnen weiche Wesen drin. Sie sehnen sich sofort nach Liebe, wenn man sie berührt. Sie fassen sich gleich gegenseitig an. Sie heften sich gleich aufeinander. Aufhörn! Ich bin Zimmermädchen. Da ist nichts hinter meinen Augen, Mann.
»Sind eigentlich alle Zimmer besetzt?« fragt er.
»Am Wochenende sind hier nicht so viele Leute.«
»Wie sehen denn die Zimmer aus? Ich hab noch nie eins gesehen.«
»Schlicht. Langweilig.«
»Ich würde gern mal so ein Zimmer sehen«, beharrt er.
»Ich weiß nicht, ob den Chefs das recht wär«, weich ich aus.
»Die sind doch weg«, sagt er. »Die sind doch samstags immer in ihrem Wochenendhaus.«
Jaja, das weiß ich wohl.
»Die Zimmer sind aber gar nicht interessant«, sträub ich mich. »Es gibt da eigentlich nichts zu sehen.«
»Trotzdem. Bitte!«
Hm. Na schön.
Es ist ein wackliges Gefühl, mit ihm den Flur entlangzugehen.
Ich schließ ihm das von dem Monteur auf. Nummer 13, es heißt Nummer 14.
»Wir dürfen das bestimmt nicht«, sag ich. »Es ist eigentlich nicht in Ordnung, daß wir die Abwesenheit der Chefs ausnutzen, um was zu tun, das sie uns nicht erlauben würden.«
»Alles ist verboten«, sagt der Junge. »So kann doch niemand leben.«
Das kotzlangweilige Zimmer, zum x-ten Mal. Nie tut sich

was darin, alles ist unverändert. Möbel zerfallen nur ganz langsam, und für ewige Staubfreiheit trotz verrinnender Zeit hab ich zu sorgen. Schorsch Rohdes Duftmarke klebt überall, hängt schwer wie Scheiße in der Luft.

»Tja«, sag ich. »So sieht das aus. Mehr ist nicht. Das ist alles, was ich zeigen kann.«

Wir stehn nebeneinander. Er riecht wie umwerfendes Maschinenöl, und er sieht unfaßbar aus, wie ein Gebirge, Baum, ein Dom. Man kann das nicht zuende sehen. Man will das ganze Bild behalten, aber es lebt zu sehr dafür.

»Du kannst mir viel mehr zeigen, oder?« sagt er scherzhaft.

»Ich glaub, wir gehn mal besser wieder raus hier«, sage ich, und er: »Wieso denn? Ich will lieber drin bleiben.« Er lacht. Da hab ich mir vielleicht was eingebrockt. Der Mann ist ein Lebendiger. Schlimm für mich, die damit konfrontiert wird, aber auch schlimm für den armen Mann. Lebendigsein ist schrecklich. Es heißt einen Fehler nach dem andern machen und es sich egal sein lassen müssen. Es heißt andauernd Scheiße bauen. Nicht andauernd, nein, ich übertreibe. Lebendigsein heißt übertreiben. Ich bin zum Glück nicht oft lebendig.

Er greift meinen Nacken und zieht mich an sich. Die Berührung tut sehr gut. Wie trinken, wenn man großen Durst hat. Es ist, als hätt ich nur darauf gewartet, in ihm zu zergehen, und als wäre jede seiner Poren offen, um mich aufzunehmen. Das ist nicht so, weil er mich etwa liebt. Es ist der Augenblick. Der Augenblick ist das, was offen ist und sagt: Komm doch herein. Komm, leb mich doch. Komm, lieb mich doch.

»Was ist denn, wenn sie plötzlich wiederkommen?« sag ich schwach.

»Dann sind wir unsre wunderbaren Jobs los. Wie werden wir da weinen!« sagt er belustigt und küßt mich gekonnt.

Er hat grüne, wohlriechende Finger von dem Gras und faßt

mit ihnen zwischen meine Beine und blättert in mir herum wie in einem Buch, das er mag, und ich werde weich und still, ich kann nicht anders. So ein lieber Junge. Er ist so schrecklich nett zu mir.
»Aber das geht doch nicht«, sag ich wie viele Frauen vor mir.
»Ganz kurz«, sagt er, aber ganz kurz, dann will ich nicht, ach doch, vielleicht doch, besser als nichts.
Mit Schuhen auf die frisch bezognen Betten! Ja, habt ihr sie noch alle?
Rock hoch, Hose auf, zackzack.
Es tut so gut! Es tut so gut, ihm auch. Wir bewegen uns zusammen so sehr schön.
Daß man das will, daß jemand so in einem rumwühlt. Was hast du da verloren, Fremder? Ich such mein Glück. In dieses Zimmer will ich rein, das hinter diesem Zimmer ist, und noch dahinter, noch dahinter. Hier, ja, hier, hier ist es.
Das ist es; schwarz, schwärzer als schwarz.

Da kommen Chefs zurück, ich hab's gewußt. Wir müssen türmen.
»Laß«, sagt er und zieht mich zurück aufs Bett. »Wir brauchen uns vor denen nicht zu verstecken. Ich bezahl das Zimmer. Ist mein Geld schlechter als das von irgendeinem Monteur?«
Und ich? Meine Blamage?
Ein Glück, ich habe mich geirrt.

Noch mal! Noch mal! Wie ich vor meinem Vater stand, weil ich noch mal von ihm herumgewirbelt werden wollte. Das war für meinen Vater auch nicht leicht. Aber er strengte sich gehorsam an. Warum soll der Mann hier es jetzt besser haben?
Ich will da hin, wo's wirklich nicht mehr weitergeht, doch

nie kommt man da hin. Immer muß man vorher vor Erschöpfung aufgeben, selbst als Frau. Doch man hat viel gefühlt bis dann.
Wir sind die lebenden Spender eines bessren Dufts in diesem toten Zimmer. Der schreckliche Monteur kann gegen uns nicht anstinken.

Am Morgen muß ich Frühstück machen für die Leute im Motel.
Meine Sinne sind scharf. Die Schönheit der Welt ist klar und intensiv, die Luft ist wunderbar und frisch zu atmen, die Arbeit ein abstraktes Unterfangen.
Ich habe eine fiebrige Mattigkeit in mir, wie nach dem Trinken. Wie schön das gestern war. Ich will nichts anderes mehr leben.
Ich weiß, man sagt, das ginge nicht, man könne da nicht immer leben, im Land Sex. Aber haben die, die das sagen, es wirklich selber ausprobiert? Und auch nicht gleich aufgegeben?
Die Vögel auf dem Feld, sie leben wie ihre Natur es will, und es heißt doch, daß der liebe Gott sich dann um einen kümmert, wenn man das so macht. Ich habe einen großen, heimlichen Glauben, daß er das unterstützt, wenn man so lebt. Aber man kann auch prima im Irrenhaus landen oder als Penner mit so einem großen, heimlichen Glauben. Sehet die Penner auf der Straße. Sie kümmern sich um nichts, und irgendetwas finden sie doch in ihren Abfalleimern ... Bestimmt ist Gott nur was für Leute, die keine großen Ansprüche an Luxus stellen. Das wär okay für mich. Was will man mehr, wenn man das Leben hat. Aber für meinen Geschmack hat er ein bißchen wenig von Sex gesprochen in seinem Buch. Es gibt da ein paar Stellen, klar, aber wachset und mehret euch, das ist nicht ganz der Sex, wie ich ihn meine. Von daher weiß ich nicht, ob das mit den Vögeln auf

dem Felde auch für Leute wie mich gilt, die eher vögeln als nach Körnern picken und Eier legen würden.
Da kommt der Mann in den Frühstücksraum, mein Herz klopft fester. Er lacht, er mag mich noch. Ich mag ihn auch. Ich hoffe, er macht mit, solange ich das will. Und ich will wahrscheinlich ohne Ende. Mit Pausen gerne, aber Ende? Nein.
Zum Glück hat die Welt ja wohl den Dreh, unendlich aufzugehen und Musik zu machen. Im Innern scheint sie so zu sein, dem lieben Gott sei Dank, man darf gespannt sein, wie es weitergeht.

BEWITCHED

Das Telefon klingelte. Mou-Mou hob ab. »Serge!« flüsterte sie mir zu.

Serge, mein Liebhaber. Ich hatte den beiden voneinander erzählt.

»Mou-Mou?« hatte er gelächelt. »Ein Künstlername, hm? Klingt vielversprechend. Mou-Mou. Ich kenne sie nicht, aber ich glaube, ich bin schon verliebt in sie. Nimmt sie Schwänze in den Mund? Ich muß es herausfinden! Gibst du mir ihre Telefonnummer?«

Mou-Mou und Serge, die Vorstellung fand ich lustig. Ich bekomme Kopfschmerzen von einem Leben, das so lustig ist. Ich hatte ihm ihre Telefonnummer gegeben, aus Quatsch. Und nun rief er sie an, auch aus Quatsch.

»Hätte ich Zeit?« Mou-Mou sah mich fragend an. Ich nickte. Ich nickte zu allem, was Serge wollte, denn ich wollte verstehen, wie er sich durchs Leben schlängelte, und die Welt mit seinen Augen sehen, bis ich selbst ein Mann sein würde wie er und Frauen verarschen könnte statt mich selbst.

»Nein, Agnes habe ich schon lang nicht mehr gesehen«, behauptete Mou-Mou. »Du kannst gern vorbeikommen, Serge.«

Das einzig mögliche Versteck für mich in Mou-Mous winziger Wohnung war ihr Bad. Von hier aus würde ich horchen können. Und wenn er Pipi müßte, kauerte ich mich am besten hinter den halbdurchsichtigen Duschvorhang und mimte einen Haufen schmutziger Klamotten. Läge mir.

Machen wir, wenn's ernst wird mit seinem Pinkelwunsch und seinem Bedürfnis zum Drang. Mou-Mou freute sich auf die Inszenierung. Ich nicht so. Ich bin zu schwach für Spaß, und ich hatte Serge zu gern. Aber ich wußte, das beherrscht man besser mit Humor, wenn der Mann ja doch nur spielen will. Man kommt sich sonst zu dumm vor. Und ihm erst.

Ich hörte Serge klingeln und reinkommen. Sein Akzent nuschelte die Worte ungezogen und nachlässig ineinander. Ich fand das sexy und beklemmend. Sein Sex kam mir immer so vor wie der der geilen und zugleich herzlosen und sträflich leichtsinnigen Teenies aus den israelischen Rock 'n' Roll-Filmen.

Ich kannte Serge seit meinem ersten und letzten Probetag hinter der Theke eines Cafés. Ein Mann hatte seinen Lottoschein an einem Tisch dort ausgefüllt und unter dem Tisch seine böse Schwellung in der Leistengegend betastet, mit einem tiefen, schmutzigen Blick in meine Augen. Serge hatte mich darauf aufmerksam gemacht, er fand das lustig. Ich nicht. Diese schiefen und schrägen Lagen, in die einen das Leben bringt, machen nur Leuten Spaß, die mit mehr Energie da sind als ich. Die fahren auch gern Karussell, Ballon oder zur See, aber mir wird bloß schlecht davon, vor Angst und Langeweile zugleich. Ich denke dann, gleich sterb ich, und das wegen so einem Leben!

Es war langweilig auf diesem Klo. Ich konnte das Gespräch verfolgen, aber es war voller Ironie und stockte oft. Mich nervt Ironie zwischen Mann und Frau.

Als Mou-Mou mich in meinem Versteck besuchte, seufzte sie und verdrehte ihre Augen. Die Sache langweilte sie, es klappte nicht richtig, ihn zu verarschen, und er gefiel ihr nicht. Er war ihr zu mickrig, und seine Leichtlebigkeit sah sie als eitle Pose. Sie hatte wahrscheinlich recht. Aber seine

Fehler stimmten mich weich. Ich hatte das Gefühl, ihn beschützen zu müssen vor der Kritik einer Umwelt, die nicht wußte, wie wunderbar er fickte.
Mou-Mou ging wieder rüber zu ihm und machte Musik an. »He's a fool, and I don't know it, but a fool can have his charms«, sang Ella Fitzgerald süß aus ihrer Box, verliebt und swingend, gegen Geschlechterkampf und Stolz, und wer gewinnt? – Schon klar. Obwohl er es wirklich nicht verdient hatte. Ich kam mir so dumm vor, an ihm zu hängen. Keine kluge, wenn auch lahme Ente würde sich in einen so schütteren, fadenscheinigen und dazu noch eingebildeten Erpel unklarer, wenngleich geographischer Herkunft verlieben. Aber das mit uns sollte ja wohl auch nicht zur Erhaltung unsrer Tierart dienen. Unser Schöpfer wollte nur was zum Lachen haben mit uns, glaub ich. Darf man denn mitlachen? Nein.
»He is cold, I agree. He can laugh, but I love it, although the laugh 's on me.« Ella hat das auch gekannt.
Die Liebe wird so oft als Geschenk hingestellt, über das sich die anderen freuen und dankbar sein müssen – ist das nicht Unsinn? Liebe und alles, womit die anderen ankommen, ist doch nur wertvoll für einen, wenn es den Geschmack trifft und man es will. Sonst ist es ein Belästigung. Ich brauchte Serge nicht zu sagen, daß ich ihn liebte. Er brauchte mir nicht zu sagen: Ich dich nicht. Das hatten wir schon erkannt mit unserem Scharfsinn.

Serge kam ins Bad. Er stellte sich vor die Toilette und holte seinen Schwanz heraus. Diesen lieben, alten Bekannten hier in der Fremde wiederzusehen erfüllte mich mit sentimentaler Zärtlichkeit. Serge war ein malerischer Mann. Es gab wunderschöne, romantische Ecken an seinem Körper, perfekte kleine Gegenden aus feiner Haut und leichten Knochen. Wie dies zueinander lag, welche Winkel es miteinander bildete, hatte bestimmt was zu bedeuten, aber wer kann das lesen? Die Hände, der Mund? Was dieser graziöse Nacken sagte, der Haaransatz, die Knöchel. Sie sprachen eine unschuldige Sprache, der sich Serges Persönlichkeit heftig widersetzte.

»I love you for sentimental reasons«, sang Ella.

Serge blieb noch, obwohl nichts mehr kam. Mochte Mou-Mou eben denken, er hätte die Männerkrankheit, er hatte keine Lust, schneller als nötig wieder in die Szene im anderen Zimmer zu gehen und das Spiel zu spielen und zu versuchen, Mou-Mou zu verarschen, während sie dasselbe mit ihm versuchte. Ohne Publikum sucht das vergebens seinen Sinn. Dann merkt man zu sehr, wer man für sich alleine ist.

Serge steckte seine dicke Nase da und dort hin, und schließlich guckte er auch hinter den Duschvorhang. Er preßte seine Hände taumelnd gegen sein Herz, warf den Kopf in den Nacken und verdrehte die Augen:

»Wo kommst DU denn her? Kann man nicht mal irgendwo aufs Klo gehen, ohne daß du einem hinter dem Vorhang entgegengrinst wie Alfred E. Neumann? Wohnst du jetzt hier?«

Er schüttelte seinen Kopf und rülpste. Eine nervöse Übersprunghandlung, aber trotzdem, ich mochte das nicht mal bei ihm. Keine Frau mag Rülpsen und Furzen bei irgendwem, denn seit alten Tagen schon sind Rülpsen und Furzen die Freunde der Männer gegen die Frauen. Diese rüden Gesellen banalisieren, was Frauen romantisieren. Mit ihren ordinären Geräuschen zerreißen sie das zarte und klebrige Gespinst, das verliebte Frauen um Männer weben. Sie lassen Freiheit und Natürlichkeit durchbrechen. Sie helfen den Männern beim Türmen. Sie machen ein Loch in den Schleier der Maja, den Nebel der Wollust, die Hecke Dornröschens. Sie machen vor, wie man entweicht. Aus dem Körper, durch das Netz. Hej, horch! Komm, riech!

So klingt die Flucht. So riecht die Kraft. Das ist die Freiheit!
Serges Penis schimmerte zimtfarben und seidig, wie diese Silberhäutchen an der Birkenrinde. Ich rieb meine Wange an ihm, umschloß seine Eichel mit meinen Lippen und saugte zart. Serge gähnte. Er schnupperte an Mou-Mous Parfüms, während sein Schwanz lethargisch, steif und schwer in meinem Mund lag. Er klopfte lässig mit Mou-Mous Fliegenklatsche auf mir herum, während er seinen prachtvollen Schwengel noch tiefer in meinen Kopf steckte, wie einen Aal im Kopf einer Wasserleiche, und seinen Schenkel gegen mein Ohr drückte wie einen großen, großen Ohrenschützer. Er schloß seine Augen nicht. Er wollte sehen, was er anrichtete, und lächelte versonnen, wie jemand bei etwas, das er gerne tut. Seine schwarzen Wimpern waren dicht und lang. Seine Nasenlöcher und sein offener Mund dunkel, seine Augen neblig grün. Sie schweiften halbblind umher und blieben an Mou-Mous Zahnpastaspender hängen. Er tappte nach der Tube mit seinen feinen, kleinen Händen. Er beugte sich über meinen Rücken und versuchte, das häßliche Ding in mich hinein zu schieben. Da hatte ich aber Glück, daß ihm Mou-Mous Klobürste nicht noch besser gefallen hatte.
»Ich hatte mal eine Freundin«, raunte er, »die steckte sich die Fernbedienung in die Möse und konnte mit ihren Muskeln innen umschalten!«
Er wollte mich eifersüchtig machen. Aber ich glaubte ihm nicht.
Viele Männer fasziniert es, Dinge in Frauen verschwinden zu sehen wie in Tunnels, zurück ins Nichts, aus dem alles kam. Sie sind Ingenieure und Voyeure. Sie starren hin, bis sie sich ekeln vor sich und vor dem, was sie erregt. Ich bin mal mit einem kleinen Jungen, Ricki, spazierengegangen; ich ließ eine Raupe über meine Hand laufen, um sie ihm zu

zeigen. Ricki klatschte in die Hände und wollte auch. Kaum lief sie über seine Haut, da packte ihn der Ekel, und er quetschte sie tot.
Serge hatte auch genug von dem Anblick, aber er ließ mich leben. Das ist nicht selbstverständlich. In Tausendundeiner Nacht bringt er sie alle um.
Er drehte sich um und reckte mir seinen Po entgegen. Es ist Quatsch, zu sagen, man könne aus einem Hintern kein Gesicht machen, ich kann das. Für mich war dieser Po die andere Seite, das zweite Gesicht Serges, das er vor der Welt verbarg. Er konnte so schön bitte und danke sagten, und war viel netter zu mir als Serge. Ich zog die kugeligen Pausbacken auseinander und küßte den kleinen, rosigen Mund dazwischen feucht. Ich schlängelte meine Zungenspitze in die glatte, runde, weiche Öffnung. Es roch und schmeckte da nicht eklig. Nur nach starkem Moschus, wie ein Tier, nach Teer. Nach Rinde, Leder, Öl, Baumharz, Kaffee, Pfriemen. Es war in Wirklichkeit sehr lecker.
Serge hielt still und räusperte sich. An seinem Bauch lag es steil und brettsteif an, daß man glaubte, man könnte keine Hand dazwischentun. Seine Eichel klebte an der Schnekkenspur an seiner Haut fest, und die durchsichtige Flüssigkeit quoll weiter üppig und unschuldig aus den kleinen Lippen seiner Penisspitze. Sie zog glitzernde Fäden. Sein Penis war dick und breit wie ein Zapfen. Die Hoden darunter gingen dann etwas formlos auseinander, als hätte der Schöpfer den Mann da nicht ganz fertig gemacht. Manchmal bewegten sie sich wie etwas Gärendes, das im Begriff ist, Zustand und Form zu verändern. Aber bei allem Rumoren blieben sie letztlich doch derselbe alte Sack; ein merkwürdig braunes und rotes Unikum; rauh von drahtigem Haar wie ein Wildlederbeutel, rustikal und derb. Es war eine komische Idee, die eigentlichen, empfindlichen rohen Eier da so lokker flutschig rein zu tun, lieber Gott. Sie fühlen sich da nicht

so wohl, so achtlos draußen hingehängt. Sobald sie können, verschwinden sie wieder im Bauch, wandern herum im Körper und suchen einen bessren Platz.
Sex ist das Zimmer im Märchen, in das man nicht rein darf, denn man kann von dort ins Unbekannte gehn, ins Dunkle fliegen und in eine Art Musik verfallen, und unversehens öffnet sich dann was, und etwas kommt durch einen rauf wie ein Tier aus der Erde, häßlich, groß und alt, aber echt. Es mag äußerlich ein Schwein sein, ein Idiot oder ein Clown, aber innerlich ist es groß. Merkwürdige Gestalten werden wir durch es, dämonische Typen, und unbekannte Kräfte reiten uns und lassen uns nachher liegen wie gestrandet, fix und fertig.
»Lebst du noch?« frage ich Serge. Ich hatte seit Ewigkeiten nichts mehr von ihm gehört. Er lächelte. Er drehte mich gegen die Wand und schmiegte sich an meinen Rücken. Er knetete meine Brüste, nicht sehr engagiert; zu lasch, zu lang, die Dinger. Er tauchte in meine Möse, langweilte sich aber auch da und war schnell wieder draußen, als verstünde er den Kult nicht, den man darum trieb. Serge fand es besser, sich vor dem Eingang an meinem Hintern rumzutreiben und zu reiben, wie böse Jungen, die an Straßenecken lungern. Und dann die Treppe runter in den Keller und sich quetschen und schwitzen und küssen.
Serge verrenkte sich nach den Zigaretten auf Mou-Mous Wasserspülung und tappte nach dem Feuerzeug, ohne mit dem Ficken aufzuhören. Er rauchte, während er sich bewegte. Dann hörte er auf zu rauchen, und ein innerer Vorgang schoß nach außen und landete irgendwo im Innenleben eines anderen.

Eine Taube machte monotone Geräusche mit ihrem Körper. Auch die Spatzen machten ihr Tschilpen mit ihren Körpern. Auf der Welt machen überhaupt alle alles mit ih-

ren Körpern. Das viele beseelte Fleisch und Blut, das draußen wandelt. Die vielen Organe, die pochenden Herzen, die Körper, die gehen, ohne gegeneinanderzuprallen. Die Luft umspült sie, und sie ziehen Sauerstoff aus ihr, dann lassen sie sie wieder frei. Ein Mann stand in der Tür seiner Döner-Bude. Er hatte einen Wellensittich auf seinem ausgestreckten Finger sitzen.
»Spring!« sagte er zu ihm, und der Vogel sprang auf seine Schulter.

DIE NACHT DER LEBENDEN LEICHEN

Das richtige Leben, dieses große Abenteuer, war noch nicht bei mir angekommen. Macht nichts, ich war geduldig. Ich las im voraus, wie das gehen würde. Saufen mit Surrealisten in Paris, wilde Gesellen küssen, bei Sexorgien in Afrika dabeisein, ich machte mich bereit dafür, für nach dem Abi. Bis dahin war ich ganz zufrieden, mein heimatliches Kinderleben fortzusetzen.

Pater Erwing hatte mich gefragt, ob ich nicht nach der Schule manchmal in seinem Wohnheim für sozial schwache Jungs beim Kochen und Putzen helfen wollte. Naja, WOLLEN tat ich schon was andres. Aber egal, ich sagte trotzdem ja. Ich hatte das Gefühl, große Kontingente von Zeit zur Verfügung zu haben. Ich brauchte damit nicht zu geizen. »Carpe diem« war nie mein Spruch, oder das raffsüchtige »It's my life«, das manche Mädchen auf die Wände der Toiletten schrieben. Zeit und Geld waren für mich kein Thema, ich hatte das Gefühl, Tonnen davon zu haben, obwohl das nicht stimmte. Ich war nicht reich und ewig.

Im Putzen war ich nicht das große As. Was die Leute schon Schmutz nannten, war für mich kein Bücken wert. Aber Spülen fand ich angenehm, ein bißchen Wassersport für Faule. In der fettigen Suppe plantschen. Die langen Armschlangen hineintauchen, ich konnte mich dabei vergessen. Man muß sich ja ganz schön nervend finden, daß man sich selbst so gern vergißt. Wenn andre das mit einem täten, wär man sauer.

Das Wohnheim war wie in den sentimentalen Filmen mit

Spencer Tracy, wo rauhe Jungen Scheiße bauen und sich beweinen, und Pfarrer Tracy tröstet und versucht, es wieder auszubügeln. Ich glaube, daß Pater Erwing auch so einen Film im Kopf hatte. Sie nannten ihn den »schwarzen Reiter«. Es war vielleicht gemein, ich weiß nicht. Es verletzt oder verunsichert einen zumindest oft, wenn einen die anderen durchschauen, ohne einen gleich für das zu lieben, was sie dann so sehen. Oder wenigstens zu bemitleiden. Natürlich durchschauten es die verlorenen Schafe und bemitleideten ihn nicht, wenn der Pater ihnen scherzhaft auflauerte und sie ansprang, mit dem Ausruf: »Ich will mal sehn, wie stark du bist!«

Mich warnte er eindringlich, nicht zuviel Mitleid mit den Jungen zu haben und ihre Brutalität und Kriminalität nicht zu übersehen, die weiterging, sobald ihr heulendes Elend vorbei war. Die Warnung war nicht überflüssig, ich kannte das so wirklich nicht. Ich kam aus einer Familie, in der es maßvoll zuging. Da war nicht jeden Tag Action und Tragödie. Ich kannte das nur aus dem Fernsehn und von dem, was Papa aus dem Krieg erzählte.

Die kirchliche Führung einer sozialen Einrichung wie diesem Wohnheim hat ein Flair von verzweifeltem Bravsein. Hausbackenheit versucht, leger und liberal zu sein. Man möchte Grenzen setzen, doch mit andern reden. Man hat angespannte Nerven vom ständigen Spagat. Man ist sauer, aber zwingt sich. Ein Schnäpschen darf helfen. Kaffee und Kuchen machen mit.

Die Jungen lachten über diese Mühen. Diese Art von inneren Kämpfen zwischen Moral und Schweinehund hatten sie eher nicht in sich. Sie kämpften außerhalb des Ichs. Ich gegen das Arschloch, ich gegen die Polizei. Das Recht des andern war kein großes Thema für sie.

Wenn sie aus dem Kino kamen, waren sie der Held aus dem Film. Bruno Wolters zum Beispiel, als er aus seinem ersten

Karate-Film kam, er ging in den Speisesaal, in dem abends immer schon fürs Frühstück gedeckt war.
»Waaahhh!!!« schrie er und hob den Tisch und schleuderte ihn weit von sich. Schepper schepper. Katastrophe. Einen Monat Küchendienst.

An jenem Sonntagnachmittag war ich auf meinen Weg zu meiner freiwilligen sozialen Tätigkeit. Ich wußte, die »Käthen« würden mal wieder ein ziemliches Chaos zurückgelassen haben. Die Käthen waren mollige, kräftige, junge Frauen, untereinander befreundet, kirchlich engagiert, die auch was Soziales tun »wollten«. Sie waren länger dabei als ich und hatten einen höheren Status. Manche hatten einen Damenbart.
Sie machten sonntags Braten und Klöße. Spülen danach war nicht so ihr Ding, aber das war okay, ich spülte gern. Das sag ich gern. Es zeichnet mich aus vor allen andren Menschen, die ich kenne.
In der Küchenecke stand immer ein Milcheimer, und die Jungen ließen sich nie sagen, daß sie die Milch nicht aus der Kelle trinken sollten. Sie waren Schlimmeres gewöhnt und machten Schlimmeres. Die Milchmanieren waren für sie Pipifax.
Als ich an diesem Tag in die Küche kam, sah ich Herbert Kappes vor dem Eimer kauern. Er hatte einen schmuddligen Wischlappen in der Hand und ließ ihn wieder und wieder in die Milch gleiten. Er hatte sich selbst damit richtig hypnotisiert. Herbert bemerkte mich schließlich und äugte mich unschuldig und verschlafen an. Dann grinste er dumm und nahm den Lappen aus der Milch. Der Lappen tropfte. Als er das sah, wrang er ihn schnell über dem Eimer aus, damit ich nicht schimpfte.
»Weißt du, wo der Bruno ist?« überging ich diese Szene, denn ich wußte nicht, was ich dazu sagen sollte. »Dann

kannst du den vielleicht mal herschicken. Er sollte mir doch beim Abtrocknen helfen.«

Bruno wurde vom Kicker im hauseigenen Clubraum »Joy and Pain« losgerissen. Er kam lässig reingeschlurft und nahm sich den sauber ausgewrungenen Lappen, den Herbert sorgfältig über den Eimer gelegt hatte.

»Nein, nicht den«, sagte ich. Er pratschte den Lappen wieder hin, und der sackte in die Milch zurück und ging unter. Good-bye, Lappen. Vielleicht machst du ja eine neue Art Joghurt aus der Milch mit deinen Bakterien da unten.

Ich machte mich an die Stapel von Geschirr. Ein unbekannter Verehrer hatte mir ein benutztes Kondom auf seinem Teller hinterlegt. Egal. Solange sie den Schleim verpacken. Bruno lachte. Er fand mich sowieso cool.

Bruno war eine irritierende Person in diesem Heim, denn er mußte doch ja wohl ein Asi sein, wenn er hier gelandet war, aber er war auch eine Schönheit. Er hatte schwarzes Haar, heiße, dunkle Augen, sehr rote, geschwungene Lippen und einen Teint wie Milch. Es war die Zeit, wo alle enge T-Shirts, enge Pullover und auch enge Hosen trugen, man sah schon sehr früh, was sich da alles abzeichnete.

Bruno hatte in seiner Akte erzählt, seine Geschwister wären »geistlich behindert«, aber er selbst war nicht dumm. Seine Intelligenz mußte sich zwar durch einen dicken Haufen Müll kämpfen, aber sie kam durch.

»Agnes hat geile Augen«, hat er mal jemandem über mich gesagt, der es mir weitergesagt hatte. Ich hatte gedacht, auf der andren Seite meiner Augen sähe man das nicht, es hatte mich auch noch nie jemand darauf angeprochen. Ich fand das Leben sexy, ja. Aber ich leugnete natürlich. Und ich würde mich sicherlich nicht mit einem Jungen wie ihm abgeben.

Aber Bruno steckte seine Augen gnadenlos und unverschämt in meine. Er machte lauter Dinge, die er gar nicht durfte, nur mit seinen Augen, und ich wollte nicht mehr hingucken und guckte sofort wieder hin. Die Mädchen nennen es »Verliebtsein«. Bei Jungen heißt es Geilsein. Es ist dieselbe Sache von zwei Seiten. Ich freute mich, wenn ich Bruno sah. Naja, »freuen« ist übertrieben. Dazu hätte ich mir ja eingestehen müssen, daß ich es tat.
Weiter mit ihm zu gehen, konnte ich mir trotzdem nicht als etwas Gutes vorstellen. Das war mir zu heiß und zu gefährlich, zu entfremdend. Aber ich dachte oft daran.
»Wer denkt, hat Angst«, ich weiß nicht, wer mir das einmal gesagt hat.
»Gehst du heut mit mir ins Kino?« fragte Bruno. »Da kommt Die Nacht der lebenden Leichen.«
»Ich glaube, das ist nichts für mich«, sagte ich. Die Nacht der lebenden Leichen. Da gingen echt nur Asis rein.
»Ich geb dir die Karte aus«, sagte er.
Das war doch nicht der Punkt, Bruno. Im dunklen Kino neben dir, das war viel näher an dem Punkt, dem dunklen, wunden Punkt.
»Warum denn nicht?« sagte der gute Pater. »Macht euch einen schönen Abend. Es kann nicht schaden, wenn du ein bißchen Einfluß auf ihn nimmst, Agnes.«
Oje.
Wir wackelten also abends hin zum Kino. Ich war befangen und wußte nicht richtig, worüber ich mich mit ihm unterhalten sollte. Kindheit, vielleicht, das war schön weit weg von Brunos bedrohlichen und erotischen Halbstarkentum.
»Was war schön, als du klein warst, Bruno?« fragte ich.
Bruno dachte nach.
»Oje. Was war schön. Trecker fahren. Ich durfte manchmal auf dem Trecker mitfahren«, sagte er. »Das hat mir Spaß gemacht.« Er schwieg einen Moment und sah mich nicht an.

»Der Bauerngeselle war nett zu mir«, fuhr er fort. »Ich hatte ihn auch gern. Aber einmal waren wir allein auf dem Trekker auf dem Feld. Da hat er seine Hose aufgemacht und mir gesagt: Faß da mal an. Er war nicht steif, nur wie eine weiche Wurst. Ich fand das nicht schlimm, aber komisch kam mir das schon vor. Ich sagte, daß ich Hunger hätte und nach Hause wollte. Er ließ mich gehen. Zu Hause hab ich dann ein Butterbrot mit Mayonnaise gegessen. Wir haben noch Zeit für eine Fritte. Willst du auch eine?«

Fritten schmecken immer besser, wenn man sie von jemand andrem mitißt. Mir war ein bißchen schwindlig und schlecht von dieser sexuellen Wendung unseres Gesprächs und überhaupt von meiner Kühnheit oder meinem Leichtsinn, mit einem sozial so schwachen Jungen auszugehen, ohne daß jemand dabei war. Konnte ich so allein überhaupt selbständig existieren? Nicht besonders gut. Ich fühlte mich, als könnte mich was mit Leichtigkeit umpusten. Ich hoffte, die Fritten würde mir wieder mehr Basis geben.

Bruno suchte zwei Plätze in der hintersten Reihe aus. Ich sagte nichts dazu.

Er denkt sich sicher nichts dabei, dachte ich, hoffte ich.

Der Film fing an. Sofort kamen Leichen aus den Gräbern. Eine ganze Menge. Es war neblig. Grau war die vorherrschende Farbe.

Bruno sah mich an. Ich guckte weg.

Ich spürte Erwartung neben mir, ein flehendes Kleben an meiner Person, ich konnte mich nicht frei fühlen. Er interessierte mich ja auch mehr als der Film, wenn ich auch nicht wußte, was ich mit ihm anfangen sollte. Ich guckte wieder zu ihm hin. Und wieder weg. Das lief einige Male so. Als ich noch mal dachte, jetzt kannst du wieder gucken, hatte er einen Entschluß gefaßt.

Er ruhte pochend in seiner Hand wie eine seltsame Statue, die er aus dem Stoff ausgepackt hatte, in dem er sie sonst immer mit sich rumtrug. Sie hatte sich aus Bruno gebildet wie ein Gebäude, wie das Hochhaus aus dem King-Kong-Film, in New York. Gleich würde die weiße Frau oben aus der Dachluke rausspringen. Ich war nicht sicher, ob man von Niveau reden konnte. Aber es drückte etwas aus.

Es sah nur sehr verboten aus.

Bruno schloß die Augen und faßte sich zärtlich an. Er hatte lange, dunkle, dichte Wimpern wie eine schöne Jungenpuppe aus einem sehnsüchtigen, pornographischen Amateur-Stummfilm.

Er öffnete noch einmal die Augen und sah mich unbeschreiblich an. Als würden seine Augen zerbrechen, zu Krümeln werden. Er sah merkwürdig alt aus plötzlich, weise und würdig. Dann machte er seine Augen wieder zu, und sein Sperma schoß heraus, daß er einer Frau bis in den Kopf käme damit.

Es war seine Sache. Es ging mich nichts an, was er gemacht hatte mit sich selber. Ich hüllte mich in den Gedanken.

Bruno hatte mir etwas gezeigt. Er wollte, daß ich das sah: Daß er da war, daß er lebte.

Doch ich hatte Angst, zu zeigen, daß *ich* lebte.

Ich bin nicht feige, ich hab bloß dauernd Angst. Ich kann trotzdem alles mögliche tun, obwohl ich dabei Angst hab, und oft tue ich das auch. Ich bin für vieles offen eigentlich. Ich zeigte ihm das allerdings nicht, ich hoffte, er würde es entdecken, oder besser nicht.

Eine Viertelstunde lang verfolgte ich halsstarrig das hirnrissige Treiben auf der Leinwand. Inzwischen überlegte Bruno wohl, was er daraus schließen sollte, daß ich nicht empört aufgestanden und gegangen war.

Er kam mir nah mit seinem Mund. Seine Lippen berührten mein Ohr. Es wurde groß und warm und neugierig. Feucht konnte es ja leider nicht werden.

Heute, als Erwachsene, bin ich manchmal verbittert, daß Gott so wenig Löcher in mich reingemacht hat. Man stößt zu rasch an seine Grenzen, mit seinen paar Geschlechtsorganen. Weniger ist mehr, hat er bestimmt gedacht, aber ich find, er hätte wenigstens die Ohren größer machen können. Oder, auch sehr gut, mehr Fortsätze, die sexuell empfinden können. Ich hätte gerne einen Schwanz, als Option, zum Beispiel. Ich weiß, man sähe ätzend aus mit all den Dingen, die ich mir da wünsch in meinem Wahn. Wie die Frau im Märchen, der einer ein Paar Würstel ins Gesicht gewünscht hatte. Aber man hat sich ja auch an das normale menschliche Aussehn gewöhnt, obwohl es manchmal mehr als seltsam ist.
»Agnes«, sagte Bruno. »Bitte faß ihn doch mal an. Ich erzähl es niemandem.«
Er war nicht weich wie eine Wurst, und ich dachte kurz, ich müßte jetzt aber unbedingt nach Hause, Brot mit Mayonnaise essen.
Bruno führte meine Hand. Rauf und runter, rauf und runter, im Prinzip war mir das schon klar. Ich konnte es schon bald alleine. Halb ist es Ehre, halb ein Zwang. Halb ein Spiel, halb ist es schrecklich ernst und wichtig. Viermal halb, das sind schon zwei, Sex hat ein doppeltes Gesicht. Der Unterleib des Jungen bäumte sich auf, und alles kam heraus, was er mir dringend hatte sagen wollen.
Seine Worte klebten stumm an meiner Hand.

Bruno packte sein Glied wieder ein. Er hielt die Augen noch eine Weile geschlossen, dann öffnete er sie und starrte bis zum Ende auf die Leinwand.
Ich liebte ihn nicht. Gottseidank liebte ich ihn nicht. Gottseidank verlangen das die Jungen oft auch gar nicht.
Er legte nicht mal seinen Arm um mich, als wir zu meinem Fahrrad gingen. Er fragte: »Was machst du jetzt noch?«

Ich hatte Bammel, noch bei ihm zu bleiben. Was würde dann noch alles kommen. Ich war nicht darauf vorbereitet. »Nach Hause fahren«, sagte ich. Vielleicht würde er versuchen, mich zum Bleiben zu bewegen. Vielleicht würde er es schaffen. Ziemlich sicher.
»Und du?« fragte ich ihn.
»Weiß nicht«, sagte er. »Es ist noch früh. Wennn du schon gehst ... Ich glaub, ich gehe dann noch anschaffen. In Holland.«
Im Ernst? Er lächelte schief.
»Ich hab sonst nicht genug Geld für Drogen. Ich will aber Drogen.«
Das war Verarsche, oder? Er wollte mich schockieren oder sich an meinem Mitleid weiden.
»Du brauchst kein Mitleid zu haben«, sagte Bruno. »Es ist für mich bestimmt nicht so schlimm, wie du es dir vorstellst. Würde ich es sonst machen?«
Ja, das weiß ich eben nicht. Das wird ja niemals jemand wissen.
Ich wußte nicht mehr, was ich sagen sollte.
»Du kannst sowieso nichts dran ändern«, sagte er.
Er machte Quatsch wahrscheinlich.
Ich wollte mich nicht von ihm trennen, aber die Situation lief von alleine irgendwie und spuckte mich aus auf mein Fahrrad, ich trat in die Pedale, und es brachte mich weg von ihm.
Als ich nachts in meinem Bett lag, drehte sich das Bett, obwohl ich nichts getrunken hatte, langsam, aber ohne Pause im Kreis herum, und Brunos Körper kam mir näher als mein eigener, er drehte sich die ganze Zeit mit mir, obwohl er gar nicht da war, ich spürte ihn die Nacht hindurch auf diesem Karussell mit mir, er drang in mich ein und füllte mich ganz aus, nicht gleichsam, auch nicht wie beim Sex, sondern wirklich, wie ein Geist.

Mir war fiebrig am Morgen, meine Knochen taten weh. Ich fürchtete mich davor, ihn wiederzusehen, aber ich ging wieder hin zum Heim.
»Bruno …«, sagte ich.
»Es ist schon in Ordnung«, sagte er. »Wir haben nichts gemacht, oder? Wir haben ja eigentlich auch gar nichts gemacht.«
Ja.
Aber wer und was dann sonst.

Ich weiß nicht, was aus ihm geworden ist. Wir haben uns aus den Augen verloren.
Manchmal kommt das Leben meinem Traum von Abenteuerlichkeit fast nah. Oft aber ähnelt es dem stumpfen Tunken eines Lappen in die Milch, wie Herbert Kappes es gezeigt hat.

EINE ZEIT

Wir haben uns mal in einem Café sehnsüchtig angesehen. Es waren viele andere Leute da, und ich fühlte mich sicher genug. Ich dachte, wenn so viele Leute uns beobachten, kommt er bestimmt nicht rüber, und wenn doch, dann sag ich, ich muß weg, mein Zug fährt gleich.
Er war ein Junge, wie ich das Wort verstehe, ein älterer Junge, ich sagte ja, alles ab 14.
Er war vielleicht Anfang 40.
Er hatte diese orientalischen Augen, bei denen man sich einen abbricht, wenn man sie beschreiben will. Kann man sich das nicht selber vorstellen? Man hat vielleicht schon mal alte indische Miniaturen von Leuten beim Sex gesehen? Die Männer darauf haben solche Augen wie er, und wenn sie ihre schweren Lider halb darüber schließen, geht die Iris hoch und wird vom Lid so halb verdeckt, das sieht extrem nach Lüstling aus. So lagern sie auf dicken Kissen, mit prächtigen Gewändern, den Penis halb in einer Frau, weil er so lang ist.
Sogar islamische Fundamentalisten aus Afghanistan können über ihrer voll im Bart versteckten unteren Gesichtshälfte diese Augen haben, so betörend blicken, und, man stelle sich vor, sie erschießen die Frauen, wenn sie arbeiten wollen!
Auf nach Afghanistan, Schimanski.
Nein, nein, ich mach nur Quatsch. Es ist mir lieber ohne Wahn und Bart, ich halt das Arbeiten schon aus.
Der Mann in dem Café hatte sich gegen Gottes Willen die Haare im Gesicht wegrasiert, und er sah klug und gebildet

aus. Salman Rushdie hat auch diese bekifften Augen, aber sein Aussehn mein ich nicht. Ich meine die Art Aussehen, die für mich unwiderstehlich ist.

Als ich ein paar Tage später abends durch die Stadt ging, begegnete ich ihm auf der Straße wieder.
Die Straße war fast menschenleer, und er lächelte und sagte Hallo und blieb bei mir stehen.
Ich konnte nicht so tun, als hätte ich nie geguckt. Aber ich redete vorsichtig und geordnet und machte alles kleiner.
Wir gingen zusammen weiter. Der Abend war schon sehr, sehr schön. Die Welt sieht manchmal verdammt gut aus. Ihr Charakter mag sehr zweifelhaft sein, doch attraktiv, das ist sie.

Ich sah ihn an, und er merkte das. Er blieb stehen, da mußte ich auch stehenbleiben, und dann mußten wir uns natürlich küssen. Wir waren baff und stolz über unsere Kühnheit und Schnelligkeit. Man hat es oft mit Jagd verglichen. Aber man tötet doch nicht richtig, und man stirbt auch nicht so recht daran. Wir drückten uns aneinander, ziemlich bald hart und naß, jeder wegen eines fremden Menschen, für den er eigentlich kein Gefühl hatte, und innerlich wund und weich und maßlos nur wegen sich selbst. Man will das an jemandem reiben, auch wenn der Buddhismus das nicht grad empfiehlt. Eigentlich raten fast alle Religionen davon ab und die meisten Menschen auch. Sie sagen, es führe zu Verwicklung und Leid, es sei verwunschen und dunkel. Sie machen einem ganz schön angst damit. Doch wenn es ruft, es tut mir leid, dann muß ich gucken, was es will.
Er zwickte meinen Hals mit seinen Lippen, er streichelte meinen nackten Rücken unter meinem Pullover und schob seine Hand unter den Bund meiner Jeans, was sollte ich tun? Was hätten Sie getan? Sie wären weggelaufen, klar.

In der entmutigenden, kalten und windigen Gegend, durch die wir kamen, schien alles mir zu sagen: Du bist so leichtsinnig, mit ihm zu gehen! Was ist, wenn er ein Arsch ist? Der ist doch garantiert ein Arsch!
Doch er sah einfach nicht so aus für mich.
Er sah eher aus wie jemand mit einem schweren Schicksal (hier kommt unsre Sozialromantikerin in Sachen Sex.).
Ach, geht doch alle weg.
Ich muß mir doch vertrauen.
Und ihm vertrau ich auch.

Ich kriegte eine Tasse Tee und den nächsten Platz am Heizöfchen.
Auf dem Boden stapelten sich Bücher, die hatte er doch nicht alle wegen mir da hingetan.
Auch wer gute Bücher liest, kann doch ein Arschkeks sein!
Ja ja. Und wer das liest, ist doof.

Es tat gut. Ich glühte vor Geilheit und Angezogenheit, und wir machten es ein paarmal. Beim ersten Mal kriegte ich Samen quer über mein Gesicht, dicken, weißen Kleistersamen, es war mir eine Ehre.
»Verlieb dich nicht in mich«, sagte er, als ich ihn zärtlich und begeistert ansah.
»Wieso?«
»Es lohnt sich nicht. Ich bin ein Schwein.«
»Das macht doch nichts«, behauptete ich. Ich hab vielleicht etwas zu oft meinen großzügigen Tag!
»Entspanne dich: Du existierst nicht mehr!« beruhigte mich Arnold Schwarzenegger im Fernsehn.
Ich sagte: »Ich weiß nicht, warum ich dir vertraue. Ich habe gehört, man soll niemandem vertrauen.«
»Zum Glück bin ich niemand«, sagte er.

»Es ist für uns eine Zeit angekommen!« sangen draußen Leute; es war eine Gruppe von Mongoloiden und anderen Behinderten, die an seinem Haus vorbeizogen, sie riefen den Text mit fester, grober, überzeugter Stimme, und jeder hatte eine Nikolausmütze auf, das ist seit einiger Zeit Mode bei Weihnachtsmarktbesuchern.
Es ist für uns eine Zeit angekommen, sie haben recht. Man muß es sich rausnehmen, man muß es behaupten und sich selber auch, als großen Bluff. Weil man sonst das Leben zu sehr untertreibt.

Nun häng ich in der Luft, im Glück, und unter mir, da ist das Unglück, doch das heißt nicht, daß ich bald runterfalle. Und wenn! Dann guck ich mir die Welt eben von unten an.

EVAS ZIMMER

Die Liege in Evas Zimmer war mit Regalen so umbaut, daß man von ihr aus alles in Reichweite hatte. Das gefiel uns, wir waren faul und ungeduldig. Außerdem mochten wir Dinge, die in andre Dinge übergingen wie im Traum. Ein Sessel sollte sich zu einem Bett auseinanderziehen lassen, das in einem Schrank verschwindet, worauf sich aus seiner Unterseite ein Tisch samt Stuhl herausklappte. Zwecklose, rein dekorative Sachen waren in Mode, und Eva hatte eine Menge davon in ihrem Zimmer. Sie hatte einen Strauß langer Metallborsten, die durcheinander vibrierten, wenn man sie berührte. Manche konnte man dem allesverbindenden Stromkreis anschließen, dann wechselten Leuchtpunkte an ihren Borstenenden alle paar Sekunden ihre Farbe. Der »Flamme« gaben zwei runde Filzaugen ein leeres Gesicht. Sie fühlte sich klebrig und elektrisch an. Die von Eva war feuer-orange, meine gift-grün. Wir hatten lila Plastikhalbkugeln, durch »Augen« zu einem Wesen gemacht, mit einer Spirale drunter, so daß sie federn konnten. Und geringelte, gestrickte große Schlangen mit Schaumstoffkügelchen drin. Eine Lampe war mit Rosenquarzen, Amethysten und Bergkristallen beklebt. In einer anderen drehte sich, wenn die Glühbirne heiß wurde, unter der mit den Niagarafällen bemalten Oberfläche ein wellig bedruckter Zylinder. Von außen wirkte das, als würden die Fälle sprudeln und schwellen, je heißer, je wilder. In Wirklichkeit blieben sie gefangen in sich, und es passierte mehr in unseren Augen als irgendwo sonst.
In den schockfarbenen Bonbonnieren steckte ein erstarrtes

Getümmel von Süßigkeiten, die wir uns mechanisch einverleibten: Teufel, Schlangen, Krokodile, Coca-Cola-Flaschen, Schnuller, Mond und Sterne, Negerbabys, Tannenbäume, Fußballspieler, Cowboys und Indianer, Nikoläuse, Osterhasen, Käfer, Autos, Landschaften, Kieselsteine, Tannenzapfen, Katzenzungen, Schnapsflaschen, Eisberge, Negerköpfe, Negerküsse, Liebespaare, die Sonne, die Erde, die Liebe, der Leib Christi.

Wir warteten, daß Leben und Liebe anfingen und kämen, um uns zu holen. Und während wir warteten, wuchs mit den Dingen um uns eine Krankheit, die sich durch das Leben frißt und es als leere, giftige Leiche zurückläßt.

Unsere Körper, die uns peinlich waren, lagen in Schlafanzügen aus Kunstfasern auf Matratzen, die mit Lumpen gefüllt waren, und hatten dicke Kissen aus alten Federn über sich gezogen. Wir machten unsere Beine staksig und starr und hatten immer ein unwohles Gefühl, als hätten wir Pipi in die Hosen gemacht.

Cousin Waldemar lag im Zimmer über dem Flur; er hatte »Schwierigkeiten mit seinem Körper«, wie geflüstert wurde. Wir wußten, daß wir nicht die richtigen jungen Mädchen von heute waren. Wir fühlten uns viel mehr wie alte Omas, die in einem überheizten Raum zu lang etwas getan hatten, das ihre Körper heiß und verstopft machte.

Das elektrische Licht wird schwächer, wieder heller, und wieder kommt der gleiche Tag, der in den Abend versinkt und vor dem Fernseher zu Ende geht. Nur am unter den Händen weitergewachsenen Strickschal merkt man, daß Zeit vergangen ist. Von einer Zentrifugalkraft an die Wand des äußersten Zimmers gedrückt, schaut man dem zu, was einem durch Luft und Antennen zugetragen wird von etwas, das sich einer nur ausgedacht hat, an einem anderen Ende.

Die aufgekratzten Spiele, der Geruch der Plastiksachen und

Attrappen. Es ist viel Zeit da, aber kein Leben in diesen tristen Zimmern. Zwischen den engen, großgemusterten Tapeten, denen das trübe Licht nicht in die Ecken kommt. Zwischen den Holz imitierenden Kunststoffmöbeln, den grellfarbigen Plüschtieren, den zerfledderten Bravos. Mit diesen summenden elektrischen Lampen, die am Abend mit ihrem Dauerton die Farben auflösen und unbunt machen. Das angestrengt fröhliche Gelb in Evas Zimmer wurde in diesem Licht schmutzig und das Lila braun. Die Welt draußen war dunkel; der große Pop-Wecker tickte.
Keine Welt war außer dem menschenleeren und unbeleuchteten Platz, um den diese drei Häuser standen, in denen wir immer gelebt hatten und immer leben würden, immer bei Nacht und elektrischem Licht, nur unter uns.
Hallende, leise Echos über den Feldern von Autos, die nichts mit uns zu tun hatten. Hundebellen; die Wachmaschine, die sich ein- und ausschaltete, unten, im tiefen, klammen Keller.
Wir waren hart vor Sehnsucht; etwas hinten im Rücken hielt die Rippen wie Zügel in einer eisern geballten Faust, hielt uns den Atem an und zog alles in uns stramm zurück, daß es sich aufbäumte und starr stehenblieb.
Die Barbie-Puppen mit ihren spitzen, starren Brüsten saßen mit gespreizten, langen Beinen und erhobenen, steifen Armen im Regal. Wir zogen sie aus und legten sie übereinander. Dann wußten wir nicht mehr weiter.
Unsere Herzen klopften, klopften, klopften.

Dumpfes Bollern über den leeren Feldern. Spatzen, denen der Wind die Federn sträubt. Schwarze Baumgerüste, zwischen denen die Augen erbarmungslos gerade bis zur nächsten Schnellstraße durchsehen müssen. Metallfolie im Zahnloch. Duftlose, kalte Erde. Stacheldraht, Stromleitungen: Das war meine Landschaft.

Die Bäume schlugen roh mit ihren Ästen gegeneinander. Sie sahen aus wie im Krampf erstarrt, von Schmerz gekrümmt, unter Qualen geflochten und gedrechselt wie Korkenzieher. Sie ächzten und knarrten.
Ich ließ mich von allem führen; ich dachte, ich hätte nur ja zu sagen und mitzugehen, dann würde das Leben schon geschehen. Ich ließ andere für mich Kleider aussuchen, wusch mich selten, kämmte mich nicht und schaute nie in den Spiegel.
Etwas wie Windrauschen höre ich aus jener Zeit, und Staub und Regen sind darin.

Bei den Sozialwohnungen riecht es nach Kraut und Wurzeln, Erde und Asche von abgebrannten Stoppelfeldern, denn sie liegen am Rande der menschlichen Siedlungen, wo die Felder beginnen, und der Wind weht den Leuten Staub ins Gesicht.
Die jungen Leute hier werden dumm vor Ausweglosigkeit, grausam vor Nicht-weiter-denken-können beim Anblick eines Lebens, vor dem ihnen der Verstand stehengeblieben ist. Durch die offenen Türen sieht man unglaublich aussehende Menschen vor ihren Waschmaschinen stehen und vor ihren Fernsehern sitzen.
Menschen inmitten ihrer Sachen: dem Herd mit der Neonröhre darüber. Den Schränken mit ihrem eingesperrten, kleinen Besitz, den sie sich aus der windigen Welt in ihre klapprigen Kisten gezogen haben.
»Ej, wie spät ist es, ej?« rufen einem die kleinen Kinder hinterher, und wenn man ihnen antwortet, lachen sie einen aus, weil sie einen nur verarschen wollten und nicht wußten, wie.
Der Reiter auf dem Reitverbotsschild hatte zwei Hörner bekommen, eine Mistgabel und einen Schwanz und sein Pferd einen lang ausgefahrenen Penis.

Ein Frittenpapier wurde ungehalten vom Wind über den Weg gestoßen.
In das vergilbte Plastik des Haltestellenunterstandes hatten die älteren Jungen mit dem Feuerzeug ein magisches Pimmel-Möse-Emblem geschmort, mit dem sie Mädchen, Omis und Mamis erschrecken wollten.
Diese Jungen hatten einen grimmigen Stolz auf ihr Geschlecht, als stünden sie durch es in geheimer Verbindung zu Satan und seinen Mächten, die Mädchen, Omis und Mamis Angst einjagen. Vorn aus den Gürteln wuchsen ihnen stählerne, steife Adler mit straffen, aufrechten Leibern, und auf den Rücken ihrer Jacken erschienen zähnefletschend gehörnte Teufelsmösen.
Sie hielten immer die Luft an; ihre Nasenlöcher waren haarig und groß; ihre Brustkörbe chronisch gebläht; Rücken, Schultern und Hüften steif wie Schränke, die sich nur von einer Ecke auf die andere schaukelnd bewegen können. Stolzierende Paviane, die einem grimmig lachend das Messer am Gesicht vorbei in den Holztisch warfen, daß es zitternd steckenblieb.
Ich sah sie schon von weitem stehen und mir entgegensehen.
Ich mußte viele unbalancierte Schritte im Machtbereich ihres Blickes auf sie zugehen, bevor ich, gegen einen Magnetismus, an ihnen vorbei in die Nachhilfe-Baracke hineingehen konnte, wo ich den Kindern helfen sollte. Ohren anlegen wie ein Kaninchen, und den Nacken einziehen, damit keine in der Luft hängende Bemerkung darauf sausen kann. Die Außenwelt verwischen, und die eigenen Gedanken lauter drehen.
Ich befand mich fast nur in Situationen, denen ich nicht gewachsen war.
Dauernd mußte ich pipi, und sie hatten keine Toilette da für uns, und ich hockte mich ins Feld und hatte Angst, daß die

Jungen mich dabei sähen und auslachten; kein Junge wird sich je in mich verlieben.
Dann saß ich in einem der windigen, naßkalten Verschläge; ein normales, trübes Schulkind war ich, altmodisch und stinkisch, das wußte ich.
Ich hatte mir aus Versehen die Beine lang gepinkelt; das brannte jetzt, und ich preßte die Schenkel fest übereinander, um den Geruch wegzudrücken. Leises, fernes Autosummen von neuen, geraden Straßen zwischen den flachen Feldern.
Manfred kletterte auf meinen Schoß. Das Unkind, der aufdringliche kleine Köter, der sich an unseren Beinen rieb und uns von Zungenküssen erzählte und grinsend auf unsere Reaktionen lauerte; sein Gesicht krustig vor Schmutz; wie eine Kloake das lüstern feuchte Mundloch in der Mitte.

*

ES MÜSSTE WAS GESCHEHEN.
ES MÜSSTE WAS GESCHEHEN.
ES MÜSSTE WAS GESCHEHEN.

*

Die Felder waren leer. Die Bäume rauschten den ganzen Tag die Menschen in den Traum.
Meine Freundinnen und ich, wir hatten Filme gesehen und Liebesromane gelesen, wir suchten etwas, und ES WAR NICHT DA. Wir gingen spazieren, um dem Schicksal eine Chance zu geben, falls es uns treffen wollte, falls irgend jemand uns vielleicht treffen wollte …?
Wir hatten eine bibbernde Liebe in uns, die uns an den Schultern rüttelte. Wir hatten einen Springbrunnen verschluckt, Kohlensäure in den Armen, Sprudel im Hirn, und die Haare standen uns elektrisch vom Kopf ab. Wir waren immer nah dran, mit irgendeinem zufälligen Mofa-Jungen in den Straßengraben zu rollen, weil die Sonne uns quälte

und weil wir nichts zu tun hatten und weil jedes Einatmen uns verliebt machte und alles unwirklich wurde.
Wie alle Kinder wurde ich von den Erwachsenen belächelt. Sie lachten, wenn sie merkten, daß ich mich heute in den Milchmann, gestern in den Briefträger und vorgestern in den Treckerfahrer verliebt hatte. Wenn ich las oder Hausaufgaben machte, preßte ich mir den Ellbogen in den Bauch, ich weiß nicht warum. Meine Knochen waren lahm und schwach. Ich wollte mich nicht bewegen, nur auf dem Bauch liegen, Limo trinken und lesen.
»Kommst du?« fragten Eva und Monika. »Wir gehen schwimmen. Wir gehen zur Kirmes.«
Ich fuhr mit der Raupenbahn. Die Jungen, irgendwelche Jungen, sprangen manchmal in die Wagen und packten den Mädchen an die Brüste.
1 Schiffschaukel, 1 Kinderkarussell, und 1 Raupenbahn.
Der Platz war staubig, und der Wind trieb die Los-Nieten darüber, und der Platz war leer, und die Jungen waren leer, und wir fühlten nichts. Wir saßen wie Statuen in unseren Wägelchen und ließen uns im Kreis herumfahren, die Beine in kratzigen Strumpfhosen. Ungewaschene Jungen aus den Sozialwohnungen in engen, verfilzten Pullovern, geduckt geprügelte Hunde mit stumpfen Haaren, die schielten, viereckige, schmutzige Fingernägel hatten, lehmige Gesichter, blutleere Lippen. Sie rochen nach Rüben und alten, gekochten Kartoffeln. Die Schuppen klebten an ihren schmalzigen Haarsträhnen und auf der grauen Kopfhaut darunter. Ich sah es, ich sah die Kugel aus Spiegelscherben, ich sah den Regen in den Staub fallen.
Ich sah am Sonntagnachmittag die Leute, die Kuchen gegessen hatten. Die Frauen, die aus Reue darüber den Atem anhielten, um sich zu bestrafen, mit der halbwahnsinnigen Idee, sie könnten damit ihre »Sünden« rückgängig machen. Ich sah die Kinder, denen eine Freude gemacht werden

sollte, aber die Kinder knatschten, und die Eltern lenkten sie ab mit »Guck mal da« und »Willst du das?«, bis die Kinder, vom Eis fasziniert, ihr Unglück vergaßen.
Ich sah die Handtaschen, in denen das Geld herumgetragen wurde. Ich roch den Avon-Duft, die Penatencreme, die Plastiksachen. Ich gab mein Geld aus und trug in einem imaginären Medaillon beim Herzen Andenken heim, Gedanken wie ein Schreck, heiß und herzschlagkurz: Der Mann auf dem Trecker – Der Sohn des Schuldirektors – Der jugoslawische Dachdecker – Der Tiefbauarbeiter – Der Sohn des Besitzers der Nivelsteiner Sandwerke.

*

In meiner Baumhütte saß ich zwischen Zweigen und Blättern, über Menschen und Erde, und hörte die Glocken über das Feld läuten. Ich liebte den lieben Gott, ich wollte mich auf ihn konzentrieren, ihn spüren und fest an ihn glauben. Ich strengte mich an und machte mich ganz empfänglich, um zu merken, daß er bei mir ist und mit mir und in mir, der Vater, der Sohn und der heilige Geist.
Dann standen meine Freundinnen unter dem Baum an der Leiter:
»Kommst du?«, und wir drehten wieder unsere Runden.
Unsere Mütter versuchten, uns aufzumuntern und abzulenken.
»Guck mal da. Willst du das? Soll ich dir einen Pullover stricken? Sollen wir in die Stadt fahren und dir Schuhe kaufen?«

> »Spinn, spinn, meine liebe Tochter,
> ich kauf dir ’n Paar Schuh.«
> »Ja ja, meine liebe Mutter,
> auch Schnallen dazu.
> Ich kann ja nicht spinnen,
> es schmerzt mich mein Finger,
> und tut, und tut, und tut mir so weh.«

»Spinn, spinn, meine liebe Tocher,
ich kauf dir 'nen Mann.«
»Ja ja, meine liebe Mutter,
dann streng ich mich an.
Ich kann ja schon spinnen,
mich schmerzt auch kein Finger,
und tut, und tut, und tut mir nicht weh.«

Ich strengte mich an.
Ich lernte für Mama und meinen Lehrer. Sie freuten sich, wenn ich die Beste war. Sie waren enttäuscht, wenn ich nachließ. Ich war verliebt in diesen Lehrer. Wenn ich eine Eins geschrieben hatte, mußte ich mir mein Heft vorn am Lehrerpult abholen. Ich wußte, was mich erwartete. Er hob mich auf seinen Schoß und streichelte und küßte mich. Er blies den Zigarettenrauch aus seinen großen Nasenlöchern. Er lächelte und kitzelte mich. Ich war verlegen. Ich verstand ihn nicht.
Im Traum löste sich der Kopf von den Schultern eines Mannes, hohl, glühend, und er taumelte und grinste und schwankte in der schwarzen Luft, und dann flog er auf mich zu, knapp vorbei an meinem Gesicht, und streifte mich mit schlapper, kühler Haut.

Ich dachte, das Leben würde von selbst geschehen; ich hätte nur ja zu sagen und mitzugehen, dann würde es schon sagen, wo es hingeht und was ich zu tun habe. Ich wartete --- Doch das Leben schwieg. Oder es redete in einer Sprache, die nicht mehr für uns bestimmt war.
Unsere Mütter häkelten vor den Häusern, während die kleinen Kinder auf dem Platz spielten. Die Jungen waren weg. Es hatte noch einen letzten großen Sommer voller Spiele gegeben – dann hatten sich Jungen und Mädchen stillschweigend getrennt. Die Jungen begannen, ernsthaft und

nur unter sich Sport zu treiben. Die Mädchen lernten kochen und stricken. Die Wäldchen, in denen wir gespielt hatten, blieben leer von uns. Der alte Geist zappelte in einer Flasche. Ich lernte Langeweile kennen und fand sie mörderisch.
Ich trug eine Sehnsucht in mir, die sich mit nichts verbinden konnte, in nichts aufging, wie eine kleine, harte Kugel.
Ich schaute alles stumm und bittend an, aber die Welt sagte und tat nichts, sie blickte nur zurück mit einem ewig langen Blick, von dem man dumm wird oder wahnsinnig, wenn man nicht wegschaut.
Ich machte meine Augen extra leer. Sie waren große, blanke Glaskugeln, durch die die Bilder zogen:

– Die flirrenden, bewegten Blätterkronen der großen Bäume, wogend, seufzend wie Menschen, die sich im Traum wälzen wie Wale am Boden der Meere. Ihre Musik ging durch meinen Körper wie durch Blätter; ihr sonnenfunkelndes Rauschen, ihre losgelassene Lust am Wachsen, Sich-Strecken, zitternd.

– Die hohen Häuser aus Stein, aus deren Fenstern graue Rentner auf uns herunterschauten.

– Das alte Kino, vor dem junge, dreckige Leute lungerten und warteten, daß die Mördersäge anfing.

Ich bewegte mich geistesabwesend, um nicht aufzuwachen.

DIE HARTE SCHULE

Schröder war der langweiligste Lehrer in der Oberstufe.
Er war so ein Monster von uninteressant. Er wußte das, aber er war trotzig, er wollte uns und sich immer tiefer in den Langeweile-Abgrund reißen.
Schröder war riesengroß und wuchtig wie ein Monument. Er konnte sich nicht sensibel und kontrolliert bewegen, er pflügte wie ein rostiges Boot mit Schlagseite durch das Schulleben, schubste sich wie einen Klotz von Klasse zu Klasse. Er stieß gegen alles oder rannte es gleich um. Jeder unschuldigen kleinen Sache schlug er seine gigantischen Rautenhüften um die Ohren.
Auf diese Hüften war ich fixiert, und in meinem dunklen kleinen Phantasie-Kino fiel ich mit ihm in miniaturhafte, intime Szenen. Dort stießen seine Hüften gegen mich, warfen mich um, und sich auf mich, mit Wucht, wie ein Dekkel auf einen Sarg.
»Mach mich tot«, flüsterte ich, »mach mich tot, du ödes Arschloch.«
Es waren immer die fünfte und die sechste Stunde in Deutsch Leistung, und wir waren alle schon keine Menschen mehr. Die vertanen Stunden hatten uns ausgelaugt, und wir klebten wie alte, graue Kaugummis an den Tischen. Alles hatte schon viel zu lange gedauert. Ich hatte Ewigkeiten auf diesem nässenden Hintern gesessen und er auf seinen schmerzenden Säulenbeinen gestanden. Unsere armen Schrumpfhirne schleppten sich angewidert und durstig mit dem gnadenlosen Schröder durch Wirr-

nisse und Dunkelheiten eines Unterrichtsstoffes, den wir viel weniger verstanden, als unser Diktator es wissen durfte.
Wir machten Kleist. Schröder brillierte mit feinsinnigen Bonmots. Wir gaben uns keinerlei Mühe mehr, den Anschein aufrechtzuerhalten, wir hörten ihm noch zu.
»Könntest du den letzten Satz bitte wiederholen?« sagte er sauer zu mir.
Ficken, ficken, ficken, dachte ich, und dann brach es aus mir raus. »Ich will was erleben!« brüllte ich aus der Tiefe meiner Eingeweide. »Verdammt, was ist das für eine Scheiße hier, Herr Schröder!«
Ich wurde vor die Tür geschickt.
Es war die letzte Stunde, also fuhr ich mit dem Fahrrad heim.

Es war mir etwas peinlich, zur nächsten Deutsch-Endlosstunde zu erscheinen, denn ich hatte mich ja nun quasi gestern geoutet als eine Möchtegern-Lebendige. Ich hatte nur unangenehme Ahnungen davon, was das aus dem Bild von mir machte, das meine Umgebung so im Kopf hatte. Aber, eine Lehre fürs Leben: Wenn sie nicht wissen, wie sie reagieren sollen, reagieren sie gar nicht. Und wenn die Wahrheit zu ungeheuerlich ist, beschließen sie, anzunehmen, du hättest es nicht ernst gemeint. Oh, ich prangre das nicht an! Ich war doch sehr erleichtert über dieses Phänomen.
Gebracht hatte mir mein Ausbruch allerdings auch nichts, keine Befreiung war erfolgt, die Qual ging weiter.
In der letzten Nacht hatte ich wieder von Schröder geträumt. Schröder stand mittags in der Mitte eines Platzes, senkrecht wie das Lot eines Zirkels, wie ein Ausrufezeichen. Mich würgten Ekel und Gier, seine steinharte Eichel zu küssen. Er spritzte seinen warmen, sahnigen Samen üp-

pig gegen meine Lippen und meinen Gaumen, zuviel, um alles zu schlucken.
Wie er wohl nackt aussah, Schröder? dachte ich. Er mußte eigenartig aussehen, nackt. Seine Figur war so ... ich will nichts Böses sagen ...: ungewöhnlich. Ich wollte ihn nicht. Scheiße, ich wollte ihn wirklich nicht. Aber ich steckte zu tief drin mit ihm. Schröder sah mir ähnlich. Er sah so aus wie mein Haß und meine Gier, meine Langeweile, meine schlechte Laune, und das alles so viel größer als ich selbst. Ich wollte, daß das auf mich fiel und mich erschlug. In mich stieß, mich alle machte. Ich wollte seinen Samen saufen, ihn auskotzen, drin ertrinken. Ich wollte mir ein glitschiges Bett draus machen und mich darin suhlen. Dann sollte alles schwarz werden.
»Ich bin größer als du, Schröder. Ich bin ein Kerl und ficke DICH. Ich reiß dich auseinander. Ich beiße deinen Arsch in Stücke, und ich – ich spuck sie aus! Ja, ich spuck sie aus, die Blut- und Fettknorpel, und ich schlage dich, ich peitsche dich, ich fress' dir dein Gesicht weg.«
Schulgong, endlich Ende der Tortur.

»Kannst du dir vorstellen, auf einen unsrer Lehrer scharf zu sein?« fragte mein Schulkamerad Werner mich, als wir aus dem Quälhaus gingen. Ich verstand mich gut mit Werner, und wir sprachen gerne miteinander über Sexualität.
»Ehrlich gesagt ...«, es war mir peinlich, »doch, schon.«
»Was? Echt?« staunte Werner. »Wen denn?«
»Das sag ich nicht«, kniff ich.
Aber er löcherte mich so lange, und außerdem mußte es raus, you can't hide your love forever.
Werner staunte nicht schlecht.
»Den Schröder? Wirklich? Jetzt bin ich schockiert. Aber der sieht doch so komisch aus. Ich dachte, du sagst jetzt

Lehmkuhl oder Schulte-Böker. Aber Schröder! Warum denn nur?«
»Die Schule macht mich so pervers«, erklärte ich.
Die Wahrheit war, ich hatte es nötig. Ich brauchte unbedingt ein Abenteuer, ich drehte hier bald durch. Warum waren alle Jungen nur so brav wie ich? Gut, manche versuchten, mich zu überreden, doch niemand zeigte es mir oder zwang mich, es zu fühlen. Sie respektierten die feste Beziehung, die ich hatte, und daß Angst und Schuldgefühle mich bewachten. Ehrlich gesagt, wollte ich es auch nicht anders von diesen Jungen, sie waren alle nicht der Typ dafür. Der richtige Typ, den gab's hier gar nicht. Da war es natürlich auch leicht, sich selber damit zu beeindrucken, was man alles täte, wenn.
Wohin des Weges, Großkotz? Wo trägst du deine Muschi hin?
Ich geh nach Hause, Meister. Hausaufgaben machen.
»Schimanski! Moment mal!« rief es da hinter mir. Scheiße. Mein Schwarm. Mein feuchter Traum. Der dicke, alte Schröder.
Uff, mir war peinlich.
»Ich möchte mit Ihnen über den gestrigen Vorfall reden«, hub er an. Werner machte sich diskret von dannen.
»Es tut mir leid«, sagte ich. Ich hoffte heftig, damit wär's getan.
»Schimanski, es ist mir schon klar, daß Sie sich in meinem Unterricht langweilen. Sie sind wahrscheinlich unterfordert.«
Häh? Wenn ich ein Zehntel kapiert hab, kommt es hoch. Nein, ich mein das nicht ironisch. Aber vielleicht er?
»Ist es Ihnen nicht bewußt, daß das ein verdammt elitäres Verhalten ist, das Sie da an den Tag legen?«
Komm mir nicht so, Schleimer, komm mir jetzt nicht so.

»Sie müssen doch Rücksicht auf ihre schwächeren Mitschüler nehmen, die nicht so schnell mitkommen wie Sie.«
Ich komm doch gar nicht mit! Ich rutsch doch auf meiner Möse hoffnungslos weit hinterher, auf einer breiten Schleimspur, Junge. Ich weiß bloß anscheinend, wie man blufft! Ej, Schröder, Mann! Ich will LEBEN! Was hat das mit Deutsch und den Mitschülern zu tun, du dicke Pfeife? Du Didgeridoo, du. Ich mußte lachen.
»Das ist ja wohl die Höhe, daß Sie jetzt auch noch überheblich lachen!«
»Sie verstehen mich miß«, sagte ich mit noch vom unterdrückten Lachen bebender Stimme.
»Nein, Sie verstehen mich, Miß!« sagte er empört.
Ich hielt inne und sah ihm in die Augen.
»Tu ich das?« fragte ich.
Es funktionierte. Er fühlte sich bei schmutzigen Gedanken ertappt.
»Was würden Sie denn gern im Unterricht lesen, wenn nicht Kleist?« fragte er, gedämpft, aber immer noch aufgebracht und sauer. »Lady Chatterley? Bukowski? Henry Miller?«
»Zu harmlos«, sagte ich.
Ja, wenn schon aufschneiden, dann richtig. Dann holen wir auch alles aus dem Koffer, was wir haben.
Er schüttelte den Kopf und ließ mich stehen.

Schröder, ich hätte gern erzählt, wie wir was miteinander gehabt hätten, aber da war ja nichts, und ich hab mir geschworen, in diesem Buch hier immer nur die Wahrheit zu sagen.
Ich hab mir oft vorgestellt, auf einer einsamen Insel, du und ich. Wir schleichen stumm aneinander vorbei. Du bist noch immer sauer. Ich gebe nicht klein bei. Da kommt ein Gewitter. Wir müssen in die Höhle. Wir machen uns ein Feuer. Dann kommen wir uns näher. Eine riesige Erektion

erhebt sich aus deiner Hose, eine ebensolche Eruption geschieht mit mir, wir platschen mit unseren gigantischen Geschlechtsteilen aneinander wie Dinsosaurier, draußen gibt es Blitz und Donner, ekelhaft, hör auf, Schimanski, ekelhafte Vorstellungen!
Nein, ich bin froh, daß wir uns beherrscht haben.

Ich sitze heut in einem stillen Altersheim, ich habe meine dritten Zähne rausgenommen, es hing etwas drin fest.
»Wie geht's uns denn, Herr Müller?« fragt die Altenschwester einen Mann da drüben.
»Pah, Herr!« sagt er verächtlich. »Der Herr hat grad geschissen!«
Was machst du grade, Schröder? Ich bin am Ende, wie geht's dir?
Hast du noch deine Hüften?
Im Fernsehn zeigen sie die »Dornenvögel«. Mit Musik, im Freizeitraum. Die Zeugung des Kindes in der Brandung. Das Wellenbrechen der Tabus. So was zu sehen und es nicht mehr selber machen zu können quält mich leider immer noch. Nicht das Kind, die Zeugung, meine ich, wir verstehen uns.
Ej, heut morgen, Schröder, habe ich gelesen, Ivan Desny sagt dem »Goldenen Blatt«: »Besser, zu bedauern, daß es nicht war, als zu bedauern, daß es war.« Ausgerechnet Ivan Desny. Ein Bild von einem Lebemann. Und läßt uns so im Stich.
Komm, Schröder, komm mal her.
Ich fand dich doch nett. So sexy, ehrlich. Mein Haß war nur gestellt, das hast du doch gewußt? Du hast dich richtig für Literatur interessiert, oder? Ich habe das gemerkt, doch, doch. Und wir sollten auch, ja ja. Doch was man muß, das will man nicht. Man will, was man nicht darf. Oh Schröder, ich weiß, das weißt du auch.

Nun sind wir alt und müde, Liebling. Wir werden nicht mehr lang die »Dornenvögel« sehen. Wir werden bald auf ein ganz anderes Programm geschaltet, und dann denken wir: Bin ich froh, daß ich mir das alles grad nur eingebildet hab.

GAUCHO

Durch das schmutzige Busfenster seh ich einen Mann, der eine Tür auf dem Rücken trägt. Staub schwebt auf der Luft und dem Licht. So leicht zu sein, daß alles einen trägt. Da könnte man so jecke Sachen machen.
Der Busfahrer blickt mich im Spiegel an.
Ja, guck nur Fahrer. Noch seh ich wohl ganz fröhlich aus. Doch bald schon bin ich keine freie Frau mehr. Dann muß ich in ein fremdes Haus, und niemand weiß, was dann geschehen wird.
Da vorne ist es, »Steakhaus Gaucho«. Da soll ich geschlachtet werden.

Der Laden brummt. Überall sitzen Leute, schwer mit dem Vertilgen großer Fleischstücke beschäftigt.
»Sind sie schwanger?« fragt mich der Juniorchef, und seine wäßrigen Augen forschen in meinen, er guckt auf meinen Bauch. Er will sichergehen, keinen Schwangerschaftsurlaub bezahlen zu müssen, er ist schon mal gelinkt worden. Doch er vertraut mir. Ja, er will mich. Er nimmt mich. Vor all den Leuten, hier im Restaurant, das Schwein.
Ich kann gleich anfangen, sagt er, doch er irrt sich; ich hör gleich auf, ich werd nicht mehr. So ist die Sache, Chef, ich schrumpfe gleich zu einem Nichts, wenn ich hier bei dir bleib, und du wirst riesengroß. Gefällt dir das? Du wirst es gar nicht recht bemerken. Für dich sind diese Dinge selbstverständlich.
Dafür bekommt man schließlich Geld von dir. Es ist kein fairer Handel, finde ich. Du bist da andrer Meinung.

Dicke, runde Köpfe und leere, blaue Augen setzen sich in dieser Chef-Familie gegen alle anderslautenden genetischen Codes durch. Sie haben weiche, fette Körper, schlappe Hände. Wie gekochte, kalte Fische, dicke Kabeljaus sehen sie alle aus.

Sie haben einen Opa im Keller, kein Witz, er hat da sein Büro. Er ist schon über 80, chronisch entrüstet, immer am Kommandieren. Nichts ist ihm recht und schnell genug.

»Opa immer sauer. Immer alles schnell, schnell. Aber Opa sein stark!« sagt Layla, die eine Putzfrau.

Opas Tochter, La Signora, ist auch so eine Art Chefin hier, ich hab ja einen ganzen Knubbel Chefs hier über mir. Sie hat was Imposantes, wenn sie in ihrem Pelz am Telefon regiert, doch wenn sie ißt, zerbricht die Majestät. Sie ißt wie süchtig; gierig und verächtlich.

Wenn Opa und sie sich küssen, sehen sie aus wie menschenfressende Märchen-Riesen.

Ich versuche, ihnen aus dem Weg zu gehen und mich irgendwie vor ihnen zu verstecken, denn sobald sie mich sehen, wolln sie nur meckern und befehlen. Es gibt viele dunkle Ecken in dem Restaurant, in denen sich der Schmutz sammelt und wo auch für mich noch Platz wäre. Aber sie finden mich und den Dreck, den ich hab leben lassen. Machen Licht an, sehen alles, und ich muß es noch mal sauber machen.

Jeden Tag soll ich den Kühlraum putzen, wo das Fleisch hängt, und der Kühlraum ist so bitter kalt! Ich will sofort wieder rauslaufen, aber ich muß drinbleiben, putzen. Ich kann nicht putzen, ich erkenne Schmutz nicht, nicht als solchen! Laßt mich raus! Ich will nach Hause! Ich erkälte mich!

Und wie soll ich mit dem Staubsauger denn da überall

hin im Restaurant? Wie komm ich in die Ecken mit dem Ding?
Die Haare fallen mir ins Gesicht und kitzeln mich und gehn mir auf die Nerven.
Das Schlimmste ist, das Leben findet mich hier nicht, wenn es vielleicht Erlebnisse verteilt. Es weiß doch gar nicht, daß ich hier bin. Es ist, als hätt ich mich versteckt, dabei hab ich es gern. Unbekannterweise. Und will, was es verteilt. Wundertüten.

*

Jeder ist an seinen Job gekettet. Als ich klein war, fiel mir das nicht auf. Die Menschen waren Teile eines bunten Bilderbuches, ich identifzierte sie vollkommen mit ihren Funktionen in dem Zusammenhang. Ein Bäcker WAR ein Bäcker, schon seit unzähligen Inkarnationen, er war nichts außer dem. Der Bäcker backt das Brot. Er tut es gern. So erspart man sich das Mitleidhaben.
Ich sah das Kreuz nicht, das fast jeder auf dem Rücken schleppt. Jetzt sehe ich es überall. Das erschlägt mich. Ich fühle mich kaputt, tief schmutzig und geschändet.
Ich gehöre jetzt zu diesen Leuten, wie sie selber. Das ist keine Kunst. Es ist ein großes Opfer, aber keine Kunst.
Die Menschen wären erlöst worden, hieß es einmal. Aber dann könnten sie ja gehen. Warum tun sie's nicht? Sind sie doch noch nicht erlöst? Oder merken sie es nicht?
Pedro, der hier kellnert, kommt oft mittags in die Küche und fragt, ob »alles klar« ist. Ich weiß, er macht das wegen mir, weil ich mittags da Salate mach, er will mich sehen. Er findet mich nett. Ich würde ihm das am liebsten ausreden, aber andrerseits, warum soll ich nicht mal jemand sein, über den sich ein andrer Illusionen macht. Ich mach das selbst mit anderen ja auch.

»Es ist schön bei euch«, tarnt Pedro seine wahren Gründe. »So hell und ruhig.«
Wir erzählen ihm, daß die Spülmaschine und der Kühlschrank kaputt sind.
»Spülmaschine kaputt, Kühlschrank kaputt, ich auch kaputt«, sagt er, ohne zu lächeln.
Er versucht, meinen Blick mit seinen Augen festzuhalten.
»Fräulein, bleiben Sie hier? Ich bin sehr froh«, sagt er.

Ich bin einmal an Pedros Zimmer hier vorbeigegangen, als ich durch den Hinterausgang rausging. Die Tür stand offen.
Da hingen Fotos von Argentinien an den Wänden, künstliche Blumen, ein Bild von einem Gaucho auf einem bokkenden Pferd, eins von Che Guevara. Teenager hängen auch immer ihre Wünsche an die Wände. Und Leute im Gefängnis. Er schläft auf einer Matratze, seine Kleidung liegt herum.
Ich finde ihn ganz nett. Aber er ist nur ein Kellner. Ich finde Künstler interessanter. Ich möchte interessante Männer kennenlernen, nicht so Leute, denen es so geht wie mir.
»Ohr kaputt!« entschuldigt sich Layla mißmutig für ihre Verspätung. Ich bin bestürzt, Ohr kaputt. Das Trommelfell oder was?
»Was sagt der Arzt denn?« frage ich.
Vollkommene Verständnislosigkeit im Gesicht der armen Frau. Sie hat sich wohl noch nicht mal getraut, zum Arzt zu gehen; vielleicht hat ihr Mann sie aufs Ohr geschlagen.
»Ohr kaputt!« wiederholt sie und tippt auf ihr Handgelenk.
Layla bewegt sich so widerstrebend durch die Arbeit, als ginge eine abstoßende Kraft von allem aus. Wenn wir zusammen arbeiten, mach ich auch ganz langsam, um sie nicht zu kränken.

Sie nennt alles Maschine, den Dosenöffner, den Speiseaufzug, den Staubsauger, und ich darf raten, was sie meint. Ein kleiner, dunkler, drahtiger Mann kam zu Besuch ins »Gaucho«. Er redete leis auf Layla ein. Sie stand mit gesenktem Kopf vor ihm wie ein ausgeschimpftes Kind und mußte sich die Tränen verbeißen.

Mein Schweigen bedrückt mich, aber ich komm da nicht raus. Ich weiß nicht, wem ich hier vertrauen kann. Wenn meine Chefs erfahren, was ich wirklich denke, flieg ich raus. Jedes Wort erhöht das Risiko. Ich brauch das Geld, schärf ich mir ein. Es ist für mich ungewohnt, so zu denken: Man braucht doch Geld. Man muß doch arbeiten. Ich lern das auswendig.

Da hängt eine Uhr an der Wand, die mich verrückt machen soll. Es kann nicht sein, daß sie die Zeit anzeigt. Sie zeigt was andres, Lähmung, Langeweile, Wahnsinn oder Alptraum oder wie es wäre, wenn eine Stunde 1000 Minuten hätte.

Unter den Augen von Chefs und Kollegen mittags am Personaltisch Nahrung in den Mund zu stecken, zu kauen und zu schlucken, ist eine schwere Prüfung. Niemand sagt was, ich schon gar nicht. Man hört nur die verwunschene Uhr ganz langsam ticken und die Kaffeemaschine gluckern und mich mühsam schlucken. Layla starrt düster vor sich hin. Putzfrau Nummer zwei, Anna, erzählt für sich allein: Da saß man schön, da aß man schön, da lag der Teppichboden schön. Und die Tapeten hingen vielleicht schön!

Ich muß so tun, als wär ich nur zum Arbeiten da, als würde mich nur das interessieren. Sonst glaubt noch jemand, ich wär faul. Ich muß ihnen allen etwas vormachen, ich muß auf Nummer sicher gehen.

Im »Gaucho« sind wir aus der Welt. Die Martinshörner draußen klingen wie vom Band. Der Regen wie von einer Maschine gemacht. Es gibt nur uns, und nichts ist wichtiger als Spülen.

Das Restaurant unten ist ein unwirklicher, wie ausgedachter Raum, mit was drin, das gefüttert werden muß, und abgenagte Knochen wieder raufschickt zu dem armen Putz- und Küchenmädchen.

Das muß aber grad die böse Ruß- und Fettmaschine saubermachen. Sie ist wie die Hölle, ich weiß nicht, wozu die gut ist. Diese vor Ruß schwarzen, öligen Siebe. Bäh, wie sehen meine Hände aus.

»Konnten Sie keinen bessren Job finden als diese Scheiße hier?« fragt mich Hein, der Griller.

Er packt das Fleisch aus den Zellophantüten, in denen das Rinderblut zurückbleibt. Ich muß es ausschütten. Ich mach das nicht ungern, irgendwie hab ich gern mit Blut zu tun. Es riecht wie Steaks.

Die meisten meiner Kollegen wohnen hier in dem Gebäude. In billigen, schlechten Zimmern, die der Opa-Chef an sie vermietet. Opa gehört auch das Pornokino neben dem »Gaucho« und die »gepflegte Exklusivbar« daneben. Griller Hein ist nicht verheiratet und bringt da sein ganzes Geld durch.

Layla mit ihrer kehligen, rauhen und unfreundlichen Stimme: »Warum er nicht sparen? Wenn nicht sparen, dann besser zu Haus bleiben und nichts tun.«

Layla denkt an ein Fortkommen. Sie möchte sich durch Geldanhäufung mehr und mehr aus diesem Elend erheben. Ein langer Weg. Solid und zäh. Wahrscheinlich wird es klappen. Sie glaubt daran, daß das einen großen Wert hat. Aber Hein kann aus irgendeinem persönlichen Grund nicht in so großen Zeiträumen denken und an sein Weiterkommen glauben, ich glaub, da kann er auch nichts für. Er

will sofort das bißchen Leben, das er kriegen kann, den Trost, den es abwirft bei seinem makabren Karneval, den Alkohol, den Sex.
Doch wer sich trösten läßt, kann nicht entkommen.

Jetzt, im Karneval, sind alle erkältet. Auch mir ist, als wär mein Hals von innen aus Eis. In meinem Körper ist alles schwindlig und kreist herum, wie kleine Kinder im Zimmer herumtorkeln, nachdem sie sich wie besessen im Kreis gedreht haben.
Da kommt der Zug! Der Kinderzug, es ist Karnevalssonntag. Layla, Heinz, Pedro und Anna stürzen zum Fenster und sehen raus.
Da bellt Opa nach mir. Ich soll Kinderkotze von vorm Restaurant wegmachen, weil das aussieht, als hätte jemand nach dem Verlassen des Lokals gebrochen. Pedro sieht den Opa haßerfüllt an. Aber einer muß es ja wegmachen, und ich bin nun mal keine Prinzessin, Pedro.
»Doch«, sagt er.
Layla soll mir helfen, ordnet Opa an.
»Du gehen heut abend zu Karneval spazieren?« fragt mich Layla in ihrem Telegrammstil. Sie meint damit »ausgehen«, glaub ich.
Ne, das nicht. Aber Anna, Putzfrau Nummer zwei, hat Heinz und Pedro für nach der Arbeit auf ein Bier eingeladen, und die beiden haben mich gefragt, ob ich nicht mitkommen will, sonst haben sie keine Lust.
Anna kann ich nicht leiden. Sie spioniert. Wenn ich mich allein glaube, trödle ich gern ein bißchen, dann dreh ich mich um, und sie steht in der Tür und lächelt. Freundlich, wie sie glaubt, aber es ist fettig, falsch und übersüß. Man sieht, daß sie sich freut, mich ertappt zu haben, und daß sie es weiterpetzen wird, wenn es ihr nützt. Und sie redet so doof. Sie babbelt schwachsinnig und verschluckt die

Endungen. Mich nervt das, obwohl ich so nicht denken will.
Heinz und Pedro warten auf mich nach dem Dienst. Sie sind aufgekratzt, sie mögen mich. Sie freuen sich, daß ich mitkomme. »Leckerbätzche« nennt mich Heinz. Ich hab kein ganz reines Gewissen bei der Aktion. Ich sollte nicht mitkommen, ich habe einen Freund zu Haus, und mindestens Pedro ist in mich verliebt, ich sollte das nicht schüren. Aber ich kann mich beinah nie an so was halten. Ich suche Abenteuer, leider ist das so. Ich will wissen, wie Wohnungen von innen aussehen. Was Leute sagen, wenn sie Feierabend haben und betrunken sind. Ob dann und dort nicht was geschieht, das man so richtig Leben nennen kann.
Pedro und Heinz sind auch in dieser Stimmung. Außerdem ist Karneval, da darf man alles. Auf dem Weg zu Anna begegnen wir einer Frau mit einem riesengroßen dicken Veilchen. Heinz kennt sie.
»Was ist denn mit dir passiert?« fragt er.
»Rosenmontagszug«, sagt sie. »Ich bin von einer Tafel Schokolade getroffen worden.«

Anna hat unglaublichen Kitsch angehäuft in ihrer Wohnung. Sie sammelt Porzellankatzen und Puppen.
Die Puppen waren alle teuer. 100 Mark, 200 Mark, aber schön! Sie sind wie echte Kinder. Sie können so süß aussehen, lachen und weinen, man muß sie einfach liebhaben und knuddeln. Alle paar Tage ordnet sie sie neu. Manche haben Charaktergesichter, sie sind besonders teuer und verziehen ihre faltigen, grauen Gesichter zum Weinen oder Schreien; sie sehen aus wie sehr arme Kinder, deren Eltern Alkoholiker sind und sie schlagen.
Die Krönung der Sammlung ist eine seltene Lampe, deren Fuß ein Puppenkopf ist. Ein Puppenkopf mit blauen Haa-

ren, frisiert wie Nofretete, der ein Licht aufgeht in ihrem Dachstübchen. Um sie herum sitzen mehrere große, elegante Porzellankatzen in rot, grün und gold, mit Sternchen und Blümchen übersät.

»Hab ich nich ein schön Wohnung?« flötet Anna. »Toll, ne? Hier sin schon so schön Film gedreh worde! Die kann man sich in Videotheke ausleihe, ja! Und ich bin in de Hauptroll! Wollt ihr den neue ma sehe? Ich hab ein Kopie da.«

Mein Gott, ist sie endlich fertig. Was für eine Sprache.

»Jou. Laß mal sehen!« sagt Heinz jovial.

Ich hab zuwenig gegessen und schon viel zuviel getrunken. Ich hab einen schrecklichen Hunger und eine Sehnsucht in mir mit Alkohol gefüttert, und jetzt beginnt das Ding zu torkeln und sucht den Ausgang. Ich schaue Pedro an und er mich. Er öffnet den Mund ein bißchen. Ich auch. Ich würde ihn sehr gerne küssen. Ich wünschte, alles wär egal.

Anna hat das Tape gefunden und steckt es dem schwarzen eckigen Gerät in den Mund. Die Information wird schnell verdaut. Da kommen Bilder auf den Schirm.

Anna in Strapsen, einen Schwanz im Mund, einen in der Muschi. Die Männer sehen über ihre Bäuche stolz an sich runter, um zu gucken, was sie da unten machen. Ruhig und behäbig machen sie ihre Sache. Der Mann unten zieht ihn raus und spritzt seinen Samen sichtbar draußen auf Annas Bauch, wie es die Profis tun. Der Mann oben kommt bald darauf. Seine Wichse verklebt Annas Gesicht.

»Boah«, sagt Hein. »Und da arbeitest du noch als Putzfrau? Hast du das noch nötig?«

Anna lacht geschmeichelt. Sie streichelt Hein sein Bein und gießt uns noch was ein. Mir schwant, warum sie die beiden vielleicht eingeladen hat, jetzt zum Karneval und so. Warum sie so kalt enttäuscht gegrinst hat, als sie sah, daß ich auch mitgekommen bin.

Oh, ich weiß nicht. Warum geh ich nicht. Ich sollte gehen. Aber ich möchte noch bei Heinz und besonders bei Pedro bleiben. Mir ist hier gar nicht gut, aber wenn ich jetzt ginge, würd ich gleich zu Haus sein und wär allein, mein Freund muß heute arbeiten. Dann käme es mir überstürzt vor, gegangen zu sein, denn so, was hätte ich so? Die Zuflucht, die mir mein Zuhause bietet, kann ich doch noch immer haben. Hoff ich doch. Also bleib ich hier. Ein bißchen noch. Dann geh ich aber.

Jetzt ist Anna mit einer andren Frau zugange da in ihrem Wohnzimmer-Kassettenschrank, im Fernsehkasten, wie zwei große, nackte Kaninchen im Käfig. Sie haben auch eine Möhre, mit der sie spielen. Sie schieben sie sich rein und stöhnen. Die Möhre glänzt. Sie nuckeln sich gegenseitig an den Brüsten. Da kommt ein nackter Mann herein, mit einem Bauch. Der Bauch ist nicht so schrecklich groß, läßt ihn aber kindisch erscheinen. Er stellt sich vor die Frauen und pinkelt auf ihre Brüste. Sie tun, als wären sie davon begeistert. Sie heben ihre Brüste seinem Strahl entgegen und sagen: »Oh ja, mehr davon, oh ja.« Und er sagt: »Ihr seid ganz schön versaut, ihr zwei. Hier, da habt ihr mehr.«

Die Frauen geben sich einen sichtbaren Zungenkuß dabei, man sieht ihn im Profil, ihre Zungen züngeln spitz und rot. Anna tätschelt meine Wange. Sie geht zum Stereo und macht Musik an und tänzelt dazu.

Heinz tanzt mit ihr. Sie küßt ihn leidenschaftlich. Sie winkt uns zu. Beim nächsten Lied fordert sie mich auf, aber ich winke ab. Sie will das nicht gelten lassen. Sie zieht meine Hände an ihre Brüste und streichelt sie mit meinen Händen. Sie will nur was erleben. Aber ich kann das nicht.

Pedro bringt mich noch zum Bahnhof.
Wir gehen ziemlich verbissen und wortlos nebeneinander her. Plötzlich reißt er mich an sich und zieht mich in eine Einfahrt, und er küßt mich verzweifelt, als liebte er mich schrecklich. Er nimmt mein Gesicht in beide Hände und küßt es ab. Er weint.
Dein Schicksal ist nicht meins, mein Bruder. Diesen Satz muß jeder über sein Herz bringen, der überleben will, und ich will nicht verstrickt werden, bis ich mich nicht mehr finde. Aber es ist mir doch egal heut, was ich will, Pedro, hör doch bitte auf zu weinen.

PALM GROVE

Meine Affäre mit einem verheirateten Mann war in die Brüche gegangen, und mir ging es nicht gut. Meine Freundin Ruth schlug vor, daß ich mit ihr in die Karibik kommen sollte, da wär es schön, da gäbe es nette Männer, komm, da kennt uns doch keiner!

Es war wirklich schön in der Karibik, aber mit Männern wollte ich nichts zu tun haben. Ich wollte allein sein. Mit den lachenden Strandhunden spielen. Die Sandkrabben ärgern und beobachten.

Palm Grove, das Gästehaus, in dem wir wohnten, war ein abgeschiedener, verschwiegener Platz mit einem kleinen Garten und einem Mangobaum, bei dem ich gern lag, Radio hörte und las. Manchmal setzten sich Straßenarbeiter in ihrer Mittagspause auf die Steine in der Nähe, und manchmal sah einer von ihnen mich ruhig und glühend an. Auch meine Augen gingen unwillkürlich zärtlich über seinen schönen, dunklen Körper. Aber der Gospelsender des Karibik-Radios warnte: Sünde! Dieser Mann war bestimmt auch verheiratet.

Der Sender beeinflußte mein Denken, aber ich hörte ihn trotzdem gern, wegen der Musik und der Leidenschaftlichkeit der Moralpredigten, die mich amüsierte. Ich war Touristin genug, um sie nicht so ernst nehmen zu müssen, wie sie wohl gemeint waren.

Abends saßen die Leute auf ihren Veranden oder gingen zu den Büdchen bei den Straßen, in denen Rum und Bier verkauft wurde; es sah aus wie lauter beleuchtete Bühnen.

In der Bar eines sentimentalen Engländers, in die ich gern

wegen der alten Jazzmusik ging, traf ich Ruth; ich sah meine Freundin von Tag zu Tag seltener, aber jedesmal war sie strahlender, und nie allein.
Auch diesmal war sie in männlicher Begleitung.
Begleitung – was für ein Wort. Man denkt unwillkürlich an eine nackte Schnecke, die an einer nackten Frau hinaufgleitet.
In dem Fall hatte das muskulöse Weichtier die Gestalt eines sehnigen und verwegen, mediterran aussehenden Mannes, wie Romy Schneider und Prinzessin Caroline von Monaco mal einen hatten.
»I want something to live for, someone who'd make my life an adventurous dream«, kam Nina Simones Stimme traurig aus der Box, und Ruth erzählte mir ihre neuesten Abenteuer.
»Agnes«, erzählte sie. »Ich hatte heute den jüngsten Sexpartner meines Lebens. Ein kleiner Junge, unheimlich hübsch, aber wie alt mag der gewesen sein, höchstens 10. Er lächelte mich an und rutschte mit seinem Badetuch immer näher. Ich schaute weg, da lag er plötzlich auf meiner Decke, hatte sich seine Hose runtergezogen und rieb sein Stöckchen an mir. Es war schon richtig steif, unglaublich. – Das hier ist Yves«, sagte sie und wies auf den Begleiter. »Er wohnt im selben Gästehaus wie wir, haben wir festgestellt. Yves hat schon alles getan, was Jungs in ihrem Leben gemacht haben möchten, um über sich beruhigt zu sein. Er ist in Afrika aufgewachsen, sein Vater war Wildhüter, er war Dschungelführer, hat Gold gesucht, er ist durch die Wüste gefahren und in allen 7 Meeren getaucht.«
Ich fände es peinlich, so vorgestellt zu werden.

Am Morgen sah ich ihn beim Frühstück draußen wieder. Er sah eigentlich doch nicht so klischeehaft aus, wie ich gedacht hatte. Er war vielleicht 40, bewegte sich leicht und

freudig, mit einer schönen Freiheit. Er wirkte, als lebte er gern, obwohl er nicht dumm aussah, so etwas wundert mich immer.
Er sah mich mit einem Aufleuchten in den Augen an, die dann weit und weich wurden.
Ich legte die Reste meiner Mango den kleinen Vögeln hin. Sie waren so eine Art Spatzen, unscheinbar, grau und sehr laut, mit metallischen Stimmen, die sich durch das Rauschen des Meeres und das Geschrei der anderen tropischen Tiere ihr Recht erkämpfen mußten. Sie waren frech, denn wegen ihrer Schönheit hätte ihnen keiner was umsonst gegeben.
Ich vermute oft Angeberei bei Leuten wie diesem Mann. Da ist sicherlich auch was dran. Aber ich erinnerte mich auch, daß ich als Kind auch mal so hatte leben wollen wie er. Risiken eingehen, in Abenteuer nicht nur versehentlich reinstolpern, sondern sie sogar suchen. Was gibt es zu mäkeln, wenn jemand mit Erfolg versucht hatte, seine Kinderträume zu verwirklichen? Statt sich in so eine unglückselige, beschämende und auch nicht so originelle »Geliebte«-Geschichte verwickelt zu haben wie zum Beispiel ich? Im Grunde war ich beeindruckt von seinem Mut und ließ mich doch darauf ein, mich mit ihm zu unterhalten.
Ich fragte ihn, ob es ihm nicht manchmal sinnlos vorkomme, immer nur durch die Gegend zu ziehen.
»Manchmal«, sagte er. »Aber dann wieder tut es so gut, weit weg von der Welt zu sein, in der sich alles ums Geld dreht, in der sich die Leute an Kleinigkeiten aufreiben, voller Angst, daß ihnen was weggenommen wird. Die Menschen glauben, daß etwas Bestimmtes sie daran hindert, sich wohlzufühlen, und geben diesem und jenem die Schuld. Sie wollen es ändern, was haben dagegen, was tun dagegen. Aber ich möchte die Welt so lassen, wie sie ist.

Ich fühle mich gern, als gäbe es mich nicht. In der Wüste oder auf dem Meer fühle ich mich so.«
Ich spottete innerlich noch ein bißchen über ihn, aber nicht mehr sehr.

In der Nacht lag ich wach und sah auf die Veranda hinaus. Der Mann kam aus seinem Zimmer. Ich kämpfte mit mir, aber dann ging ich zu ihm nach draußen.
Er lächelte, als er mich sah, und berührte meine Haare, dann ließ er die Hand wieder sinken.
Ich hatte auch an so was nicht gedacht, ich hatte eigentlich nur eine Unterhaltung im Sinn gehabt.
Er setzte sich mir gegenüber. Ich hatte reden wollen, aber jetzt fiel es mir schwer, etwas zu sagen, und wir sahen nur aneinander vorbei in den Mangogarten hinein, in dem die brünstigen Würmchen glühten.
Einmal schaute er mir in die Augen, und ich schaute weg. Einmal war es umgekehrt. Die Spannung machte uns unsicher und aufmerksam wie bei einem Alarm.
Er schaute in den Garten und streckte langsam dabei ein Bein nach mir aus. Seine Zehen krabbelten fragend, zögernd, an meinen Beinen hoch und schoben leicht den Saum meines Kleides nach oben. Sie streichelten weich die Innenseite meiner Oberschenkel und fingen an, meine Schamlippen zu liebkosen.
Er hatte weiche, warme, lange und gelenkige Zehen, jede wie eine kleine, eigene Person, die sich an mir zu schaffen machte. Jede war ein Künstler in ihrer Art, spielerisch und versiert, und wurde mir immer vertrauter und sympathischer. Den dicken Zeh fand ich am überzeugendsten, er war auch der stärkste und mutigste, und wagte sich weit vor, während seine Freunde sehr erregend um ihren großen Bruder zitterten und vor Nervosität an mir herumknabberten.

Ich streichelte den fremden, freundlichen Fuß, der ganz feucht von mir war, und leckte seine Zehen einzeln trocken wie eine Katze ihre Neugeborenen. Die Kleinen zappelten, sie waren ein bißchen kitzelig. Der Große wollte gern in meinen Mund, und ich erlaubte es ihm, und ließ meine Zunge drinnen eine Weile mit ihm spielen.
Ich konnte es jetzt wagen, den Vater des Fußes anzuschauen. Er hatte die Augen geschlossen und sah aus, als träumte er. Ich hockte mich vor ihn und schmiegte meine Wange an die Wölbung seiner Jeans und streichelte sie. Dann öffnete ich langsam den Reißverschluß, mit meinen Lippen nah bei den Fingern.
Ich würde gern sagen: einen Schwanz aus der Hose zu schälen, gleicht dem Öffnen einer Knospe, dem Herausholen und Entfalten der Blüte. Aber kein Mann mag das hören; ein Mann ist doch keine Frau, die man mit einer Blume vergleichen kann. Seine Eichel (immerhin was aus dem Pflanzenreich) und sein sehr harter Schwanz kamen hervor wie auf alten, pornographischen Drucken, übertrieben dick und mächtig. Ich bete männliche Sexualität an in solchen Momenten. Es muß doch fast wehtun, so was an sich zu haben, sich zu so was zu verfestigen. Er zog ein Kondom an, damit ich mein bewundertes Kultobjekt unbesorgt in meinen Mund nehmen konnte. Ich mochte den Geschmack des Gummis nicht, und die quietschenden Geräusche, die es manchmal machte.
Aber der Mann wurde andächtig und still und streichelte meine Haare.
Wir gingen auf sein Zimmer und knutschten weiter. Sein Po war rührend zart und ästhetisch wie bei einem Kind. Ich küßte ihn und kitzelte die kleine, rosige Öffnung mit meiner Zunge.
Yves räusperte sich und fingerte nach seinen Zigaretten. Aber er machte nur ein paar Züge, dann drehte er sich um

und streckte seine Zunge nach mir aus, und wir fickten, während wir uns küßten. Er hatte eine sehr inspirierte Art, mit seiner Zunge und seinem Schwanz umzugehen. Sex ist, als würden sich zwei gut unterhalten, aber was fragen sie, was antworten sie, es ist unübersetzbar. Ich jubelte leise über diese fremde, intensive Kraft in mir, die so unglaubliche Wellen der Begeisterung in einem auslösen kann.

Nachts lag ich wach an seinem Rücken und rieb mich an seinen Beinen, wie Ruths karibischer Bengel am Strand. Ich wunderte mich ein bißchen über mich, aber mich wunderte nicht mehr viel in dieser Nacht.

Es war kühl, zurück in Deutschland, und ich war traurig, die Karibik wegfliegen zu sehen wie eine Miniaturlandschaft in einem losgelassenen Luftballon, ich hasse Luftballons.

Ruth war noch drüben. Sie schrieb euphorisch, sie hätte einen Gönner gefunden, der ihr den Flug nach Venezuela bezahlte und in dessen Villa sie wohnen könne.

Da ich sowieso schon litt, beschloß ich, zum Zahnarzt zu gehen, um mir einen richtig harten Start ins alte Leben zu geben.

Ich freute mich, daß es in seiner Praxis nach karibischen Gewürznelken duftete, mit deren Essenz der Arzt die leichten Fälle betäubte, und daß ich auf seinem Behandlungsstuhl plötzlich an Sex denken mußte, weil mich seine Latexhandschuhe an den Geschmack des Kondoms in Palm Grove erinnerten. Dann stellte ich mir vor, es wäre Yves, der mir im Mund mit den sadistischen kleinen Zahnarztwerkzeugen wehtat, und es tat fast gut.

Ich wußte, ich wollte, daß es weiterginge, was ich erlebt hatte in der Karibik. Ich spürte, wie mein Unterbewußtsein und mein Schicksal unter Deck in mir über den Plänen brüteten. Was immer sie da ausheckten, ich war bereit; meine Zähne waren jetzt frisch verplombt.

Draußen stürzten sich Millionen von Schneeflocken lautlos auf die Erde.

ZIGEUNERJUNGE

1

Meine Mutter war ganz klein, weil sie so entfernt war. Ich sah, wie ein Mann in einem grauen Zimmer sie erstach. »Grau wie ein Messer«, sagte er. Er war selber grau, wie Schnecken, die am Aquariumglas entlanggleiten und ihren runden Mund öffnen und schließen.
Auf einmal war ich auf dem Platz, wo mein Geburtshaus steht.
Eine große Uhr hing draußen an der Wand und zeigte eine Zeit, sie war verdreht. Da waren wieder die Bäume, die eigentlich längst weg waren. An Stelle von Opas und Omas Haus stand eine alte Tankstelle.
Eine Kraft riß mich vom Boden, und ich flog. Ich hörte Sprüche in den Ohren, und eine Zahl schwebte auf mich zu, die 8. Bald über dem Boden war der Himmel fest. Ich hatte Angst, gegen ihn geschleudert zu werden. Aus den Kronen der Bäume kamen drei Gestalten durch die Luft. Sie trugen Zylinder und bewegten sich ruckend auf mich zu, dann lösten sie sich auf.

2

Ich war nach vielen Jahren zurückgekommen. Ich flog auf zwei kleine Gestalten zu und rief sie »Mama!« und »Papa!«, aber sie waren nur Figuren wie auf Hochzeitstorten.
Sie wohnten in einer Ruine. Sie kauerten in ihrer kleinen Küche und sagten, sie wären zufrieden.

Zerfetzte Plakate hingen an dem geschlossenen Kino. Die Menschen bereiten einander ein unglückliches Leben.

Die Reisenden in dem Zug, der oben auf dem Feld hielt, waren schon lange tot.
Wind wehte wie aus einem Riß im Himmel. Da tauchte eine Königin aus den Wolken auf, in strahlend grauer Farbe. Ich sah ganz rasend schnell ihr Leben. Sie verschwand, und ein Gestell kam auf mich zu, da aus den Wolken, es wollte mich überfahren. Es kamen noch mehr solcher Gebilde, es war ein großes, unsichtbares Getöse in der Luft. Wolken gruppierten sich um einen Ball, der Ball entpuppte sich als Höhle, und heraus sprang ein Tier in Himmelsfarbe.

3

Ich hatte Angst vor meinem Zimmer. Ich sah durch das Fenster den nächtlichen Himmel und fürchtete, daß dort wieder die Gebilde erscheinen könnten.
Papas Gesicht sah so entspannt aus, weich und jung. Mama sagte, sie wolle ein Spiel machen, dazu sollten wir uns ausziehen. Sie hatte einen großen, erregten Penis. Ich fühlte mich krank. Die Dinge drohten wieder, sich alptraumhaft zu verwandeln. Ich hielt mich an den Glauben, daß es in Wirklichkeit nicht war, wie ich es sah, und wartete auf das Ende des Spuks, doch es kam nicht. Es blieb verfremdet, aber nur an den Ecken und Rändern, und so schlief ich ein.
Als ich wieder wach wurde, war eine Hand in meinem Bett. Sie langte vom Boden rauf und gehörte zu einem jungen Mädchen, das steif und leicht war wie aus Pappe. Unheimlich leicht, wie eine leere Hülse, so wie Spreu, sie war so was wie tot. Sie wurde klein und bang und fragte mich:

»Wo warn wir, Mama?« Wir waren in der falschen Welt erwacht, wie man im falschen Stock aus einem Fahrstuhl steigt. Die Mutter muß mit ihrem Kind verschmelzen, ich versuchte verzweifelt, das zu tun. Ich dachte, dann wird alles wieder richtig. Es geschah ein Austausch zwischen ihr und mir. Sie wurde ich, ich wurde sie. Mein Körper wurde schwer, sehr schwer.

Im Bad war Licht. Ich dachte, da wär meine Mutter, aber eine fremde Frau saß in der Wanne und wandelte sich ständig, jetzt hatte sie einen Katzenkopf. Sie öffnete ihre Lippen und sagte etwas, mit tiefer, hallender, zu langsam abgespielter Stimme. Ich sah sie wie durch Wasser. Ich dachte, daß sie meine Mutter war, und es an mir lag, daß ich sie so gruslig sah. Ich versuchte, was zu sagen, doch ich hörte mich nicht sprechen.

4

Ich sollte Schiedsrichterin sein, aber ich kannte die Regeln nicht.

»Das macht nichts«, sprach der König. »Die Spieler auch nicht.«

Man wollte mich in ein Zimmer drängen, das klein und kalt war wie ein Kühlschrank. Nackte Männer saßen drin, und nackte Frauen nuckelten einander an den Brüsten. Sie waren graublau, wie aus Metall, so wie erstickte Babys. Immer mehr sprangen aus einer Kiste in der Ecke.

Ich dehnte mich aus und wurde sehr groß. Meine Füße fuhren immer weiter weg von meinem Kopf. Dann wurde ich ganz klein. Es war, als wären Männer, Frauen, irgendwelche Wesen in der Luft, die mich liebkosten.

Ich wachte auf. Der Wind rüttelte an dem Fenster, das Laub raschelte auf der Terrasse. Mein Herz sprang unregelmäßig.

Eine Katze miaute lange und verrückt vor meinem Fenster, und in meinem Kopf klopfte ein Spruch, den ich nicht los wurde. Auf der Terrasse stand ein Mann wie der Joker aus einem Kartenspiel. Er sagte nichts. Er lächelte. Dann kam mir sein Gesicht ganz nah, und er sprach: »Tanz!«. Aber ich wagte nicht, ihm zu folgen.
Später tat mir das leid. Ich hätte gern gewußt, was dann-passiert wär. Denn so: Nur Erwartung. Erwartung und Angst. Es ist immer dasselbe.

*

Die Menschen in unsrem Dorf haben sich ihrem Alltag fest verschrieben. Jeder Tag stellt ihn aufs neue her. Die Geräusche, Bewegungen, Gesichter, die sie dabei machen, sind wie Gift für mich. Ich kann nicht dableiben, wenn mein Vater seine Nahrung mit so ernster, strenger Miene in sich reintut und vernichtet, ich muß dann meinen Teller nehmen und in meinem Zimmer essen.
Mein Vater ist oft so düster und mechanisch wie ein Zombie.
Er folgt mir wie ein Schatten, um zu kontrollieren: Mach ich auch das Licht aus? Schließe ich die Türen? Er redet nicht mit mir dabei. Seit ich kein Kind mehr bin, ist das auch schwer geworden.
Er ist jetzt immer bös auf mich, denn ich denk nur an mich und helf der Mama nicht. Man muß die Arbeit sehen und sie gerne und freiwillig tun. Sonst sagt Mama: »Laß! Ich mach das schon«, weil die Bitterkeit schon zu sehr drin ist, vielleicht will sie mich auch nicht zwingen.
Mama leidet. Und Papa ist böse auf mich. Es scheint, daran ist nichts zu ändern. Ich bin ewig schuldig.
In jedem Haus bei uns im Dorf steht eine Mutter in der Küche und versucht, der Sachen Herr zu werden, die Vater aus dem Garten bringt. Nichts darf verkommen! Alles

muß gegessen werden! Allen haben sie gesagt, sie können sich Obst pflücken kommen, doch niemand tut das. Eines Tages kommen alle Bäume weg. Paß auf, dann sagen alle: »Schade.«
Mit diesen selbstlaufenden Gedanken mauern sich die Mütter in den Häusern ein, während die Väter schon beginnen, die Bäume wegzumachen oder sie zu stutzen. »Die schlagen wieder aus!« sagen sie; ja, aber sie sind Krüppel dann.

Mir tun die Bäume leid, und ich möchte mich dem Tun entgegenwerfen, doch ich habe keine Macht, kein Recht. Und etwas lähmt mich auch. Es ist so ein leerer, komischer Sommer. Lange, schwere Träume überfallen mich in der Nacht, und auch am Tag bin ich in ihrem Netz gefangen. Sie greifen ineinander und spinnen mich ein. Sie nehmen mich mir selber aus der Hand, und ich kann nichts als zusehen, wie sie Fäden aus mir machen, mit denen Schiffchen stetig einen Traum weben. Jedes klare Denken ist nur eine Farbe in ihrem unklar fließenden Gewebe.
Ich gehe viel spazieren, um der Atmosphäre zu entkommen, die zu Hause herrscht, ich will mir über etwas klar werden. Doch immer wieder komme ich in dieses dumme Träumen.
Die Felder haben eine kräftige und volle Farbe wie geronnenes Blut. Manches Stroh ist schon zu Walzen gepreßt, die Feldränder sind Asche. Alles ist geladen mit Erwartung.
In vielen Menschen ist so eine Spannung wie in mir, sie halten sie nicht aus, sie lassen sie dann los aus sich, raus auf die Welt.
Sie wollen, daß ihr Leben mit echten Menschen auf die Bühne kommt. Sie lassen sich von ihr zum Handeln treiben, zu Triebverbrechen, für die sie ihre Strafe kriegen.
Ich will nicht deutlich, daß was wirklich wird. Ich träume

bloß davon. Ich geh spazieren, und meine Gedanken finden einen Rhythmus und fangen an, darin zu laufen und zu tanzen, ein neuer Traum beginnt.
Die Kleider eines Königs glänzten golden wie ein Rausch im Feld. Er fragte, ob ich vor meiner Hinrichtung noch was sagen wolle. Ich preßte Blut in die Polster, die ich mir unter die Haut genäht hatte. Meine Haut platzte, wie bei Märtyrern und Heiligen. Die Leute sahen die Stigmata und raunten: »Ein Wunder!« Ich war gerettet, aber sehr müde.
Der König hatte meine Freundinnen getötet, doch ich verliebte mich in ihn.

Die Wolken und der Wind hypnotisieren mich. Der spröde Lehm, der trockne Staub, die weggeworfenen Gegenstände am Straßenrand. Die Verkehrsschilder, das alleinstehende Haus, der Bus, der auf einer Straße über das Feld näher kommt.
Das Korn, das sie noch nicht gemäht haben, wogt vor dem Geflimmer am Horizont, das Sonnenlicht zittert und funkelt. Es ist eine Unruhe, eine sirrende Spannung in der Luft wie von einem Insektengeschwader, wie vor einem Sturm. Es ist, als würden von allen Seiten Fäden zusammengezogen, damit die Stimmung über dem Land liegt, in der vielleicht ein Junge erscheinen kann, der mir ins Herz schneidet. Ein Mückenjunge, ein Insekt, ein Mutterkorn da im Getreide, eine Krähe im Käfig einer Familie. Ein schwarzschillernder Virus, der langsam in mich eindringt. Ein Bissen, der im Hals steckenbleibt. Eine Schlange, die jeden beißt.
Ein schwarz glänzendes Tier lebt in einer Pfütze. Es wartet, daß das Meer zurückkommt. Da kommt das Meer. Die große graue Wolkenkönigin kommt über den Horizont und bringt Gewitter und das Meer. Der Hagel erschlägt die Vögel.

Nachts war ein großer Vogel mal so nah am Fenster, daß ich nur einen kleinen Ausschnitt von ihm sehen konnte. Da saß ein Mann in einem Pelz im Feld bei unsrem Haus. Wie ein Kaninchen preßte er sich an mich, bis wir miteinander schliefen und unsere Körper aneinanderklatschten. Und Jungen steckten dann das Feld an, und da brannte es im Nu. Mir rannte ein Stück Feuer nach, sprang in die Luft, war weg. Dann fing der Wald vor unsrem Haus das Feuer. Dicker Qualm war zwischen den Bäumen. Ich wollte helfen, es zu löschen, doch mein Vater sagte gereizt:
»Was willst du? Du bist doch froh, wenn alles brennt, weil du dann was Neues kriegst!«
So schaute ich nur zu, stand im Weg und berührte das elektrisch geladene, glühende Gras.
Ein Mann stand in der Tür. Er ging mir nach.

Im Wirtshaus probt die Dorfkapelle. An ihrer Wand rostet ein Zigarettenautomat. Die Brennesseln stecken ihre bösen Blätter durch den Bretterzaun.
Der Kaugummiautomat da ist ein doppelter. Im rechten sind aufmachbare Plastikeier drin. Da hab ich mir mal einen klebrigen Drachen draus gezogen, er war wie aus feuchtem Popel, und ich hab ihn gern berührt.
Auf der Kreuzung fährt ein Kind mit quietschendem Dreirad im Kreise.
Da drüben an der Ecke, wo ich vorbeimuß, steht ein Junge und sieht zu mir rüber. Der spricht mich garantiert gleich an. Ich mag das nicht an Jungen. Das ist nicht ihr Leben, in dem ich hier bin, es ist meins! Auch wenn mir Träume es entwendet haben, das braucht niemand von mir zu wissen. Deshalb bin ich doch noch eher ich als Teil von jemand andrem.
Der Junge hat weiche, dunkle Haare auf der Oberlippe, und er raucht. Er raucht, das heißt, er ist ein böser Junge, kalt und ohne Herz.

Ich mach ein hochmütiges Gesicht, als ich auf ihn zugehe, aber natürlich kann er mich nicht einfach bloß in Ruhe lassen.
»Hallo«, sagt er. »Wo gehst du hin?«
»Zur Kirche«, sag ich knapp, und er:
»Da wollt ich auch grad hin!«
Na, so ein Zufall.
Ich wollte wirklich zur Kirche, ich wollte beten. Ich tu das oft, auf meine Art. Ich petze Gott dann alles, und Gott, er hat mich gerne und versöhnt mich. Er sagt, ich soll mich nicht an Kleinigkeiten aufreiben, er nennt fast alles Kleinigkeiten. Das gibt mir eine Ruhe wieder, die mir das Leben an der nächsten Ecke wieder nimmt.
Der Junge geht mit mir wie ein streunender Hund.
Ich sage nichts, ich muß ja nicht sein Unterhalter sein.
Die Fenster neben der Straße liegen tief. Man kann gut reingucken, wie die Leute drin sitzen, in ihren Wohnungen, die dunkel sind wie offene Münder. Und einmal klappt der Mund zu.
Herr Hoffmann liest die Zeitung. Frau Thelen schält Kartoffeln. Sie warn wahrscheinlich gestern abend schon zur Messe.
Wenn ich die ergrauten Wolkenstores seh, und das alte, müde Alpenveilchen in dem Fenster, ist mir, als ahnte ich auf einmal etwas sehr sehr Wichtiges und Interessantes. Ich sehe in den Raum wie in eine Zeit, und er ist voller Geschichte, durchtränktem Leben, dichtem, tiefen Reichtum, der auch sehr häßlich oder trist sein kann. Ich glaub, Moment, gleich kann ich's richtig sehen, gleich kommen Szenen und Geschichten, aber das geschieht nicht, und irgendwann muß ich es aufgeben, weil ich schlecht wie eine Doofe stundenlang auf dieses Fenster starren kann, um meine innren Augen richtig einzustellen.
Herr Hoffmann und Frau Thelen sind mysteriös wie alle

Wesen. Doch auf einer andren Ebene sind sie normal, wie beinah jeder hier es ist oder zu sein versucht. Ich glaube, sie haben sich nach ihrer Jugend mit was abgefunden und verstehen nicht mehr die, die das noch nicht getan haben. Sie finden, daß man sich entwickeln muß, indem man seine Träume ablegt, und erwarten das auch von den andern.

Daß sie oft in die Kirche gehen und das hoch bewerten, paßt, wenn man es ernst nimmt, gar nicht mehr zu ihnen, denn Religion, Religion ist doch ein Traum. Der Vater im Himmel, das ist doch nichts für Realisten. Die himmelblaue Muttergottes, der Meerstern, Engel …

Auch dieser Junge neben mir, warum will er mit mir in die Kirche, was rechnet er sich aus?

»Ich glaub dir nicht, daß du auch in die Kirche wolltest«, sag ich patzig.

»Wieso?« sagt er. »Ich muß da ja nicht beten. Ich kenn die Meßdiener gut.« Er steckt sich mit weltmännischer Geste eine neue Fluppe an. »Alles Kumpels von mir. Wir haben mal zusammen gesoffen, you know.«

Ach so.

Er hat zwei Falten von der Nase runter neben dem Mund, obwohl er noch so jung ist.

»Wir feiern vielleicht nachher noch was«, sagt er. »Ich will den Tag ausnutzen. Morgen bin ich vielleicht schon wieder weg.«

Unsre alte Dorfkirche sieht militaristisch aus. Sie hat eine Pickelhaube auf, und das in die Tür geschnitzte Lamm Gottes trägt eine Lanze und eine Fahne unterm Arm wie im Krieg.

Sie steht so fest und wirklich da, doch zugleich ist sie eine mystische Erscheinung. Aber auch sie macht ihren Mund nicht auf. Mein Dorf ist voll von diesen stummen Zeugen, die vor Schweigen beinah platzen.

Was wär das auch für ein Gewirr von Stimmen, wenn sie

anfingen, zu reden. Ich würd wahrscheinlich wahnsinnig davon.

Die Leute renovieren und modernisieren jetzt und löschen die Geschichten aus. Das ist mir nicht lieber, wenn die Häuser nur noch »Nichts« sagen. Dann lieber die unausgesprochenen Geschichten vom Krieg, schlechten Ehen, falschen Leben, bösen Taten, toten Kindern, Krankheiten und Angst.

Die groben Kiesel auf dem Weg zur Kirche mahlen den Bauern den Lehm von den Schuhen, damit sie nicht alles reinschleppen. Bevor man in eine Moschee geht, muß man sich deshalb die Schuhe ausziehen. Da würden die Leute hier sich aber weigern. Sie haben Käsefüße und Löcher in den wochenlang getragnen Socken. Das muß vor Gott verborgen bleiben. Die Leichen bleiben in den Schuhen!

Die Kirche hat zwei Fenster im Turm wie Augen. Das Gehirn der Kirche sind die Glocken. Das ist aber laut für sie in ihrem Kopf. Durch ihren Mund tritt man ein in den Bauch der Kirche. Er ist behäbig und altertümlich, mit dunklen, ernsten Schnörkeln wie früher die Möbel bei den Omas und Opas.

Es ist nun leider doch gleich Messe. Viele Leute sind schon da. Da ist noch Platz frei neben Bauer Plum. Der Junge setzt sich neben mich. Tja, tut mir leid, er wird enttäuscht sein. Mit mir gibt es nichts zu erleben.

Manche Leute starren ihn so unversteckt an, als wäre er ein Auto oder Fernseher und könnte sie nicht sehen. Ich würde schon sagen, daß das ein Zeichen von Dummheit ist.

So schöne Blumensträuße stehn vor den Altären. Wie kleine Freuden-Eruptionen.

Der Pastor kommt auf die Bühne.

Er macht ein wichtiges Gesicht über dem Brokatgewand, unter dem die Stoffhosen hervorgucken und beweisen, daß er nicht echt ist, sondern bloß verkleidet, wie ein Weihnachtsmann. Ein echter Pfarrer trägt doch keine Hosen drunter! Er hat vielleicht noch nicht mal einen Körper, wie meine Madonna aus Kevelaer, sie ist unter ihrem Kleid ganz hohl.

Die Messe nimmt ihren Lauf, es ist alles festgelegt und abgedroschen. Jeder Satz ist leergemacht durch Wiederholung, aber in den Seelen lebt er weiter wie ein Zauberspruch.

Der Pfarrer Keller hebt die Hostie und zeigt sie allen.

»Dies ist mein Leib, der für euch hingegeben wird«, lügt er. »Zur Vergebung eurer Sünden. Tut dies zu meinem Gedächtnis.«

»Nimm meinen Leib, es ist nicht vergebens. Es ist gut für das Gedächtnis«, flüstert mir der Junge den Satz verdreht ins Ohr. Er hat Spaß.

»Oh Herr, ich bin nicht würdig, daß du eingehst unter meinem Dach!« sagt der Bauer Plum.

»Aber sprich nur ein Wort, dann wird meine Seele gesund!« sagt der Pastor.

»Ficken!« wispert der Junge.

Die Meßdiener zwinkern ihm zu und bimmeln dabei mit ihren kleinen Glöckchen. Sie scheinen meinen Begleiter wirklich schon zu kennen. Oben läuten laut die Glocken, und der Herr Beckmann orgelt wild. Er ist ein schwerhöriger Küster und singt alles laut, falsch und nuschelnd mit, armer Herr Beckmann.

»Wie, auch wir vergeben unserm Schuldi gern!?« betet der Bauer Plum.

Die Messe wird abgepfiffen. Die Leute wanken schwer und gemessen nach draußen, wo die warme, liebevolle Luft ist.

»Was machst du jetzt?« fragt der böse Junge. »Ich hab den Schlüssel von der Sakristei nachmachen lassen, den hab ich hier in meiner Tasche. Wir gehn da gleich mit ein paar

Kumpels Meßwein saufen, komm doch mit! Ich bin vielleicht schon morgen weg. Wir dürfen mit den Wohnwagen nicht so lang hier bleiben.«
Er nimmt meine Hand. Er hat so eine warme Hand. Zwei. Ich kann mich nicht entschließen, schon zu gehen.
Wir stellen uns an die Friedhofsmauer und warten, bis die Kirchenleute weg sind.
Es ist ein schöner Abend. Die Blumen sehen sehr zufrieden aus im warmen Licht und ihrem Duft, der Menschen auch betört, obwohl er doch nur Schmetterlingen zu gefallen braucht. Das meint man mit verschwenderisch, wenn man von Natur spricht. So viel und schön brauchte es nicht zu sein, selbst wenn man bedenkt, daß vieles Züchtung ist.
Wie dick und rot die Rosen blühen. Die traun sich was, die Rosen.
»Dann bist du also ein Zigeuner?« frag ich den Jungen naiv.
Er antwortet nichts darauf. An Schweigen bin ich schon gewöhnt.
Da geht der Pfarrer Keller raus und schließt die Tür. Wir warten noch, dann gehn wir rein.
Ich bin noch nie in einer Sakristei gewesen. Sie sieht ein bißchen aus wie eine Garderobe, hinter der Bühne in der Stadthalle, wo ich mal als Tanzmariechen aufgetreten bin. Die Kostüme hängen an einer Stange. Diese Umhänge wie für Zauberer sehen nicht so toll aus, wenn man näher kommt. Daneben liegen dicke, schmuddlig weiße Kerzen mit roten Zahlen und Zeichen aus Wachs drauf, da sind die langweiligen Gebetbücher.
Der Junge trinkt den Meßwein aus der Flasche und reicht sie mir.
»Das ist mein Blut«, sagt er und lacht. »Eklig, nicht?«
Ich nehme einen Schluck.

Ich finde, er sieht gut aus. Er wird vielleicht einmal ein richtig wilder Mann. Er hat eine Aura von Schmutz, obwohl er nicht dreckig ist.
Er lächelt, als er merkt, daß ich ihn anseh.
Oh je. Die Gedanken gehn schon wieder weg, komm, wir verpissen uns, sagen sie zueinander und lassen mich allein mit ihm, im Stich, wo immer dieses Wort herkommt, keiner bleibt, um mich zu retten.
Er guckt mir in die Augen. Er faßt meine Haare an.
Er macht genau, was jeder prophezeit hätte, nur ich, ich hätt es nicht geglaubt, weil ich nicht richtig glaub, was Leute sagen. »Er wird die Situation ausnutzen, er wird dir seinen Willen aufzwingen« … selbst wenn es eintritt, ist es anders als das, wovor die Leute warnten. Es ist natürlicher, man kann es gut verstehen. Es ist nie so unheimlich wie das schlechte Reden drüber.
Wir legen die Zimmer unsrer Münder mit den Türen aneinander, und er kommt nackt mit seiner Zunge zu mir herein. Er tobt bei mir herum, als wäre er zuhaus. Von außen kann man das kaum sehen, wir haben keine Fenster in den Backen.
Was für eine gierige Art er sich erlaubt. Wie er mir meine Lippen knutscht und daran saugt wie Tiere an den Zitzen. Er drückt mich gegen sich, als wollte er sich in mich pressen und verschwinden.
Ich hätte nie gedacht, daß ich einem Jungen mit schwarzen Haaren einmal in die Haare greifen dürfte, ich wollte immer schwarze Haare haben, wenn ich groß bin, färb ich sie.
»Komm, wir legen uns auf das Sofa da«, sagt er.
Ich schüttel meinen Kopf.
»Ich dachte, deine Kumpels kommen gleich?« sag ich.
»Die kommen später.«
Er steht hilflos da. Er hat nur diesen Willen. Er kann ihn mir doch gar nicht aufzwingen.

Er ist nicht der erste Junge, mit dem ich knutsche, aber die andern kannte ich schon länger, und sie warn von selbst normaler. Sie ließen sich Grenzen setzen oder blieben freiwillig innerhalb davon. Der Junge ganz und gar nicht.
Er holt seinen Penis aus seinen Kleidern, das ist ein zugleich sensationeller und schockierender Anblick, wie wenn ein Baby aus dem Körper kommt.
»Ja, ja, ein Baby, armes Ding!« sagt er. »Keine Augen, keine Ohren. Blind und stumm. Das arme, kleine Jesuskind. Es ist in die falsche Welt gekommen. Hier hat es keiner richtig lieb. Hier muß es immer Sehnsucht haben nach seiner Heimat im Himmel. Streichel ihn«, sagt er zu mir.
Es ist nicht in Ordnung, mich da hineinzuziehen. Aber ich wollte es doch immer lernen. Es ist fremd und aufregend, an seinen Gefühlen mitzumachen.
Dann wirft der Junge etwas auf die Welt, worin sein ganzes Ich ist. Warum wird es so oft als Schmutz bezeichnet. Es ist doch eigentlich was Heiliges. Man sieht ihm halt nichts an, es sieht nach nichts aus. Es könnte etwas aus der Nase sein, das die Bakterien mit nach draußen nehmen soll.
»Hallo«, sagt er, als er die Augen öffnet. »Danke schön.« Wir liegen noch beisammen, und ich kraule seinen Kopf. Er hat zwei Knubbel unter den Haaren.
»Ja, meine Hörner«, sagt er. »Glaubst du nicht? Ich bin kein Zigeuner, ich bin ein Teufel.«
Er streichelt mich zwischen den Beinen. Das ist schön, sehr schön.
»Möchtest du nicht mit mir kommen?« fragt er. »Dann kannst du immer machen, was du grad gemacht hast. Und ich hab auch ein paar gute Sachen drauf. Vielleicht fällt uns auch noch mehr ein. Willst du?«
Aber das geht doch nicht. Das Leben ist doch traurig, solche Sachen gehn da nicht. Er meint das auch nicht ernst, oder?
Er taucht seinen Finger in die trocknende Pfütze auf sei-

nem Bauch und zieht mir damit die Lippen nach mit seiner stumpfen, warmen Fingerspitze und malt ein klebriges Kreuz auf meine Stirn.

»Du wirst zu Asche«, sagt er. »Und ich auch.«

Können Eingeweide schwer sein. Wie soll ich sie gleich ohne ihn nach Hause schleppen.

»Was meinst du?« fragt er.

Nichts. Mein Kopf ist leer. Ich kann keinen Gedanken fassen, und es ist keine Antwort drinnen, auch wenn die Zeit eine verlangt, sonst macht sie eben, was sie will, und das heißt weitergehn und mich zurücklassen.

Er küßt meine Lippen. Nur die Lippen, nicht tiefer. Wie bös von ihm. Er soll mich bitte tiefer küssen.

Er schaut aus dem Fenster.

»Aha, da kommen unsre Meßdiener!« sagt er, gewollt aufgeräumt.

Ich hänge hier so zäh und lästig. Ich kleb an ihm, das soll man nicht. Man sollte frisch und frei sein, nicht?

Ich habe Sehnsucht nach ihm, obwohl er bei mir ist. Ich will immer noch mehr als ich kriege. Ich muß einen Schlußstrich ziehn.

»Tja, ich muß langsam mal nach Hause«, sage ich. »Die fragen sich bestimmt schon, wo ich bleib.«

»Dann geh«, sagt er verletzt.

Das tu ich auch. Ich geh jetzt auch.

Aber ich kann nicht. Ich bleibe, immer länger. Ich trinke von dem Wein, mir wird nicht schlecht, das ist sein Blut, ich weiß nicht, es ist nach der Wandlung.

Die Meßdiener sind albern, der Wein macht sie hysterisch. Sie machen Wettwixen. Er macht nicht mit.

Um 12 schmeißt er sie raus. 12 Uhr. So spät schon.

»Komm mit mir«, sagt er.

Ich werd durch alle Leben durch auf dieser Stelle stehenbleiben und nicht wissen, was ich tun soll.

Ich werd von Efeu überrankt, von Jungen angepinkelt und von Hunden. Die Sonne scheint auf mich, der Regen fällt, der Schnee, der Hagel. Und ich beweg mich nicht.
Da nimmt er mich und trägt mich weg.

PLUMMIS PARTY

Ich war mir nicht sicher, ob Frau Plum nicht eine Kupplerin war, uns diese Fete zu erlauben. Mädchen und Jungen, bei ihr im dunklen Partykeller! Wir waren ihrer Großzügigkeit nicht recht gewachsen, wir waren albern und verkrampft. Niemand wußte, daß die andern auch nicht wußten, wie so eine Fete ging.

Plummi hatte den Raum mit Postern von Rockmusikern und Kerzen geschmückt. Plummis Mutter brachte Frikadellen, Käsewürfel mit Weintrauben, Nudelsalat, Pudding und Coca-Cola runter, daran hielt ich mich zunächst. Sie konnte es auch, Salate, genau wie meine Mutter. Die Mütter hatten da was weg.

Jeder hatte ein kleines Geburtstagsgeschenk für Plummi mitgebracht. Ich hatte ihm bei Radio Meier eine Single gekauft; eine ungewohnt erwachsene Aktion, die mich stolz und glücklich machte. Ich hoffe, es war »Me and Bobby McGee«. Es kann gut was Schlimmeres gewesen sein, ich hatte damals überhaupt keinen Geschmack.

Die Jungen standen wie eine kleine Herde um den Plattenspieler, auf denen sich ihre Scheiben drehten, und lachten nervös, gebrochen und rauh. Sie unterhielten sich: welcher Lehrer doof, wer nett. Welche Band die beste, wer wo ein- und ausgestiegen, wie heißen die Gitarren.

Vor einem Jahr waren wir für sie offiziell noch nichts als die »doofen Mädchen« gewesen. Jetzt luden sie uns ein und gaben zögernd zu erkennen, daß sie etwas andres in uns sahen.

Wir waren alle in derselben Klasse, aber natürlich hatte

Plummi nicht alle Mädchen aus unserer Klasse eingeladen, sondern eine Auswahl getroffen. Ich konnte mir nicht vorstellen, warum ich mit dabei war.
Die Jungen waren eigentlich noch viel zu jung, ich traute ihnen nicht viel Gutes zu. Am Ende war ihr Interesse für uns Mädchen nur eine ihrer Modelaunen, um sich großzutun oder uns zu verarschen.
Ich suchte mir meine Favoriten aus.
Da war Stefan Saran mit den blonden Locken und dem edlen, blassen Gesicht, von ihm erzählten sich die Mädchen, er sei ein Genie, er spiele Cello und Klavier. Ich wollte durchaus stehen, worauf alle standen, doch ich sah viel öfter hin zu Klaus Robiniek, den kein Mädchen interessant zu finden sich bekannte. Sein Gesicht sah verworfen und nackt aus, wie etwas, das man gar nicht ansehn durfte. Sein Mund war schmerzvoll, üppig, wie der von Hanns-Martin Schleyer. Seine Augen saugten und fraßen ohne Manieren, und gierig wie Magneten.
Stefan, der romantische, sensible und etwas komplizierte Feingeist war Schneeweißchen. Aber Rosenrot war der Mann, auf den meine Flasche zeigte.
Flaschendrehen, ich nehm doch an, man kennt das Spiel? Alle sitzen im Kreis auf dem Boden, in die Mitte legt man eine Flasche. Jemand dreht sie, und dann bleibt sie stehn, und der, auf den sie zeigt, den muß der Dreher küssen und sich eng mit ihm zusammenlegen. Wenn man dazu den Mut hatte, bekam man Applaus.
Klaus legte sich aufs Sofa, ich legte mich dazu. Er küßte mich erst wie ein Kind, doch dann kam er mit seiner Zunge zu mir rein. Nie hätt ich das gedacht, das schon mit 13. Ich hätte mich nicht gewundert, wenn die Tür aufgesprungen und ein Polizeikommando uns verhaftet hätte. Ich war so erschrocken über die geheime Botschaft über das Leben, die Klaus mir da zusteckte mit diesem Kuß, über diese

glibbrige, lüsterne, lebendige und nackte Substanz hinter der Fassade.

Doch ich küßte ihn zurück. Applaus umbrandete uns.

Ich hab nie mehr danach für diese Art von Mut Applaus gekriegt.

DER WIXER UND ICH

Ein Auto kam langsam an mich herangefahren. Der Fahrer kurbelte die Scheibe herunter und rief mich leise: »Komm mal her. Willst du mitfahren? Komm, steig ein.« Sein Auto war groß und sauber, und seine Augen funkelten. Aber es wäre Selbstmord gewesen, mit einem Triebverbrecher, ich weiß.

Man weiß nicht, was nachher kommt, und so bleibt man lieber vorsichtig am Leben, das man kennt. Ich sagte dem Mann ab. Ich schloß meine Wohnung auf, legte mich ins Bett und konnte nicht schlafen. Ich wollte, daß das Telefon klingelte, er wäre am Apparat und würde schwer atmen. Solche Männer sind mutige Männer, sie haben interessante Phantasien und machen sie wahr. Aber natürlich werden sie abgewiesen.

Natürlich konnte er mich auch gar nicht anrufen, er hatte meine Nummer ja nicht. Er wußte aber, in welches Haus ich gegangen war, falls er darauf geachtet hatte. Er wußte aber nicht, daß er raufkommen durfte. Ich konnte nicht schlafen, ich konnte nicht wachsein, warum also nicht? Warum denn nicht?

Aber er war weg. Er irrte weiter in seinem lüsternen Auto durch die Nacht, unbefriedigt, ruhelos, allein. Niemand würde zu ihm einsteigen. Er würde sich an einer Tankstelle ein Heftchen kaufen und sich darüber ergießen.

Im Kühlschrank war noch Wein. Ich ging mit meinem Glas in der Hand nackt zum Fenster. Das tue ich immer, wenn ich beschwipst bin. Ich will mich zeigen, wozu sonst bin ich denn sichtbar?

Aus den dem Sommerabend geöffneten Fenstern in der Straße, wo ich wohne, hörte man die Fernseher in den Wohnungen reden; die Leute davor konzentrierten sich auf das Wesentliche, das als Licht aus dem Flimmerkasten in ihre Wohnzimmer geschüttet wurde.
Von den fernen Feldern brüllte eine Kuh vor Schmerzen, vor Geilheit. Ach, Kuh, es ist schwer. Ich weiß, ich ziehe diese Männer an, ich trage das Mal. Sie sitzen auf Bänken, an denen ich an warmen Tagen vorbeispaziere, und machen sich die Hosen auf, wenn sie mich sehen. Sie streicheln sich und schauen mich dabei an. Ich tue, als sähe ich es nicht, aber das ist doch absurd: achtlos vorbeigehen an Reihen von Männern, die mir mit ihren Erektionen salutieren.
Es gab in Merkstein einen Mann, der zog sich eine Eselsmaske an, und er kletterte nachts an den Häusern hoch, und brach in die Wohnungen ein, in denen eine Frau allein war. Ihm war es egal, wie die Frauen aussahen und wie alt sie waren. Er brach einfach überall ein. Ich finde das gut, was der Mann da gemacht hat. Ich finde das gut.
Ich schaltete das Radio ein und erschrak.
»Heute passiert's! Heute passiert's! Heut zeig ich ihr, was ich kann!« sang Peter Rubin drohend und wild in »Musik zum Träumen«, WDR 4. Heute passiert's. Wann ist denn heut? Das war schon. Howard Carpendale war geknickter und bescheidener. »Ich geb mir selbst ne Party, eine einsame Party. Und ich trinke mein Glas leer. Und ich träum, daß es schön wär, würde heut nacht aus der Party allein eine Party zu zwein.«
Ich machte meine Wasserfall-Lampe an. Es sind die Viktoria-Fälle drauf, glaube ich. Drauf gemalt, und dahinter bewegt sich was, eine Folie mit Wellen. Je heißer die Birne wird, um so schneller bewegt sich die Folie, und der Fall schwillt an und sprudelt, jedoch alles nur innerhalb des Lampenschirms, es ist alles nur Illusion.

Ich will, daß er mir einen obszönen Anruf macht. Ich will fremdartige Ausdrücke, Erregung, Leidenschaft.
Ich hatte mal einen Vibrator, er wurde mir gestohlen. Das war in Paris, in einem Hotel beim Gare du Nord, klingt das nicht romantisch? Ein Dieb mußte sich den Schlüssel vom Bord an der Rezeption eingesteckt haben, und er nahm mein Kleid mit aus dem Zimmer, meine Dessous, den Schmuck, die Kamera, und den roten Vibrator. Seitdem bin ich solo. Schade. Der Rote war gut. Jetzt summt er von Liebe in Paris.

Im Kühlschrank war noch eine Gurke, aber sie war zu kalt. Bei der Banane müßte man das schrümpelige Holzige an der Schale vorn abmachen, damit es nicht wehtut. Aber dann wäre da ein Loch, durch das die bleiche Frucht lugte und vielleicht schleimte, das finde ich unhygienisch. Ich könnte einen Pariser drüberziehen. Ich habe mir mal einen gezogen, zu einer Zeit, da ich noch hoffte. Da ich noch hoffte, ich ließe was zu.
Ich hörte das Geräusch einer niedrigtourig gefahrenen Limousine auf dem Trottoir der verkehrsberuhigten Zone, in der ich wohne. Mon amour. Ich wußte, daß du kommen würdest.
Das Auto hielt unter der Straßenlampe vor meinem Fenster. Er sah zu mir hinauf, in das wellige Licht meiner Wasserlampe. Er hatte ein dringend steifes Glied in seiner Hand. Er hatte sich sein Hemd aufgemacht, damit sein Sperma auf Brust und Bauch landen konnte, und er drehte sich mir entgegen und lachte. Er leckte seine Hände glitschig und strich seinen Schwanz glänzend, der verboten gut aussah, wie ein Diktator.
Meine Banane sah dagegen reichlich merkwürdig aus in ihrem transparenten Regenmäntelchen mit der lustigen Zipfelmütze! Aber ich versuchte es mit ihr. Es ging. Ich spürte

sein Glied in mich hineinkommen, dessen Seele in die Banane gefahren war. Ich beeilte mich, etwas zu spüren. Ich hatte ein Gefühl von Gefahr, wegen der Übertreibung. So fast mit einem Mann zu ficken, mit dem ich kaum gesprochen hatte.

Der Orgasmus war fremd und häßlich und kam aus meinem Unterleib wie etwas seinen Kopf aus einem Schlamm erhebt. Er wand und wand sich mit mir. Mein Mund war offen, heiß und dunkel.

Der Mann kam. Dicke Tropfen platschten auf seine Haut, und vorne im Gummimützchen meiner Banane war jetzt tatsächlich ein bißchen Fruchtmatsch drin. Ich warf sie in den Mülleimer.

Da klingelte es an meiner Tür.

Er war es. Er kam herein. Er zeigte mir rasch und beiläufig ein blinkendes Messer wie einen Paß. Er hatte sich ein Sixpack mitgebracht, vor Angst, bei mir ernüchtert zu werden. »Ich hab Durst«, sagte er entschuldigend und fadenscheinig. »Willst du auch eins?«

Bier auf Wein? Laß es sein. Aber ich hatte an diesem Abend schon viel gemacht, das ich hätte seinlassen sollen, ich sagte ja.

»Machst du das öfter, so rumfahren und Frauen in dein Auto einladen?« fragte ich ihn. »Ich kann mir nicht vorstellen, daß überhaupt mal eine einsteigt, das ist doch viel zu gefährlich.«

»Passiert aber manchmal«, antwortete er. »Einmal ist eine alte, verwirrte Frau bei mir eingestiegen, weil sie mich für einen Taxifahrer gehalten hat. Ich habe sie dann auch nach Hause gefahren. Sie hat mich mit raufgebeten. Ich bin neugierig auf Wohnungen. Ihre war voller Käfige mit ausgestopften Wellensittichen und einem einzigen lebendigen. Immer, wenn ein Sittich dieser Frau gestorben war, hatte sie ihn ausstopfen lassen und in seinen alten Käfig zurück-

gesetzt. Nun sah ihr neuer Vogel diesem Schicksal entgegen, ich glaube, sie wartete geradezu darauf, daß er endlich starb, damit sie ihn präparieren lassen konnte für ihre Sammlung.
Ein anderes Mal ist eine Frau bei mir eingestiegen, die Geld dafür von mir wollte. Ich zahle nie für Sex, aber ich sagte, gut, gehen wir in deine Wohnung. Es war eine ärmliche, übel riechende Wohnung. Überall hatte sie beschwörerisch Clowns placiert. Solche, wie man sie bei Metzen kaufen kann, als Bilder, Masken, Puppen. Und sie waren es, die in dieser Wohnung so stanken, aus ihnen kam dieser Duft nach Elend. Ich hatte die Vision, daß es diese Puppen waren, die den Absturz für diese Frau gebracht hatten, daß diese Clowns ihr Leben fraßen und es als leere Leiche zurückließen. Daß es diese Clowns sind, die den Leuten alles kaputtmachen, ihre Ehen und Konten, ihre Gesundheit. Sie sind es, die diese Löcher in die Geldbörsen reißen, die Atmosphäre vergiften, Allergien auslösen, Kondome zersetzen und ungewollt schwanger machen. Scheiße Metzens dämonische Voodoo-Püppchen!
Die Frau zog sich aus. Ich wollte sie nicht ficken. Ich sagte, sie soll mir was zeigen, und ich hol mir einen drauf runter. Sie hatte eine Menge von diesem Sexspielzeug, das es in Pornoläden gibt, und führte es mir vor. Es sah absurd aus, ein heruntergekommener menschlicher Körper, der es mit buntem Plastikmüll treibt. Ich nahm einen ihrer traurigen Clowns und sagte, sie soll ihn sich reinschieben. Der Clown verschwand fast in ihr, nur der Kopf blieb draußen, es sah so aus, als brächte sie ihn zur Welt. Sie fand mich pervers und wollte endlich ihr Geld, aber ich zeigte ihr mein Messer und hatte Glück, ich kam ihr gefährlich genug vor, sie ließ mich gehen. Was ist, glaubst du mir nicht?«
Er brachte sein Gesicht nah an meins und schaute mir spöttisch in die Augen. Er schubste mich auf das Bett. Er

zwängte seine Zunge in meinen Mund und machte sich dabei die Hose auf. Dann zog er meinen Kopf zu seinem Schoß und drückte mir seine Hoden in den Mund. Mein Gesicht verschwand, und tauchte unter in der fremden, struppigen Welt zwischen den Beinen eines Mannes, diesem engen Dickicht aus baumelnden Dingen, drahtigen Haaren und strengen, erregenden Gerüchen von Zigaretten, Zwiebeln, Schweiß … es ist unmenschlich. Aber es ist gerade dieses Unmenschliche, das guttut. Es gibt einem etwas, das einen über das Leben beruhigen kann wie der Schnuller das Baby, wenn es schreit. Wenn ein Mund mit unerklärlicher Lust diese dicke, flutschige Nudel einsaugt, fühlt sich einer an den anderen angeschlossen, an eine wortlose, fließende Welt. Das Strömen der Keimzellen, Spermien, Sekrete. My baby's got a secret. Share your secret with me.

»Gib mir einen Sinn«, sagte der Mann, aber er meinte das nicht ernst. »Gib mir einen Sinn. Alle haben einen. Ich will auch einen.«

Er streichelte mein Gesicht. Auch das bedeutete nichts. Nur, daß er wollte, daß ich weitermachte. Er packte meine Haare und dirigierte meinen Kopf mit ihnen wie ein Puppe an Fäden, wie ein Kannibale einen Schrumpfkopf schwingt. Er hielt inne, um sich zu meinen Ohren vorzubeugen.

»Ich muß mal pinkeln«, sagte er. »Darf ich in deinen Mund?«

Ich hatte meinen Mund zu voll zum Reden und schüttelte nur empört den Kopf. Er lachte.

»Schade«, sagte er. »Ich dachte, da stehst du drauf.«

Er machte sich ein falsches Bild von mir. Aber wir hatten halt kaum Zeit gehabt, uns kennenzulernen. Er tätschelte meine Wange und fummelte ein Kondom aus seiner Hosentasche über seinen Schwanz. Er machte unbeschreibliche Sachen, feines, unkapierbares Zeug, das unangebracht

und irreführend liebevoll wirkte in meiner strahlenden Innenwelt. »Heut fängt das Leben an ...« Sicher, aber es hört auch wieder auf. Aber zuvor kam mein Orgasmus auf eine sehr nette Art, hielt Händchen mit seinem und zerflitterte wie diese Glitzerregen, die sie manchmal bei den Silvesterfeuerwerken dabei haben.
»Schlampi«, sagte er zärtlich und setzte mir eine Eselsmaske auf.

Die Fernseher in meiner Straße waren verloschen.
Sie waren ihre Programme an die Hirne der Menschen losgeworden; da gingen sie jetzt weiter und vermischten sich mit uralten genetischen Informationen zu einem dicken, nebligen Wahn.
Zwei einsame Wixer hatten sich eine schöne Party gegeben, fand ich. Sie hatten sechs Dosen leergeschlürft, und einige Pariser lümmelten sich lazy rum, mußte ich morgen mal gucken, mach ich alles morgen.
Das gelbe Licht der Merksteiner Sonne linste scheel über den Tellerrand zu uns und zögerte faul.
Aus einem Pariser rann Samen in die Dielenbretterfugen, den hatten wir vergessen zuzuknoten. Gegenüber knipste ein vollprogrammierter alter Mann schon das Frühstücksfernsehn an. Was für ein seltsames Leben zwischen all diesen aufgestellten und angeschalteten Geräten.
Eine paranoide Amsel warnte unablässig vor unsichtbaren schleichenden Katzen.
Wir schliefen ein. Hinter unseren Lidern guckten wir fremdsprachige Filme ohne Untertitel. Alles andere konnte uns mal. Aber das sagt man nur so. In Wirklichkeit würde uns unmöglich je irgendwas so gut können wie wir uns selber, der Wixer und ich.

MUSTAFA

Ich hatte meiner Freundin versprochen, ich komm mit. Sie wollte in einem Café einen Mann wiedersehen, an den sie immer denken mußte. Oder wollte. Mußte und wollte, die alten Feinde, diesmal fest verquickt. Und »immer« ist noch untertrieben. Und »denken« ganz das falsche Wort.

An der Theke kellnerte mein Verehrer Markus und grüßte mich mit gekränkter Ironie.

»Na, du unsexuelles Wesen?« kam es gedehnt aus ihm wie um die Ecke von etwas, das zwischen uns stand. Und was da stand, es war vielleicht nicht wenig, nur interessierte es mich nicht. Ich hatte ihm gesagt, ich wäre halt ein unsexueller Mensch, um ihn mit meiner Abfuhr nicht zu kränken. Aber das nahm er mir nicht ab, und nun ritt er darauf rum, ließ es nicht auf sich sitzen, wollte oben sein, ich aber auch. Idioten auf der Wippe.

Es tat mir leid, mitgekommen zu sein. Biggi würde vielleicht bald weg sein, wünschte ich ihr ja. Ich fühlte mich in diesem Anmach-Schuppen wie ein Kind unter Erwachsenen, die ein Spiel beherrschen, das ich nicht konnte und auch nicht wollte.

Ein junger Mann starrte mich auf eine Art glühend an, die mir naheging. Biggi sah ihn auch.

»Komm, wir gehen weg hier«, sagte sie beschützend, und wir gingen weiter in das Café hinein. Der Mann ging uns nach.

»Da ist der fiese Kerl schon wieder!« flüsterte Biggi.

Aber ich fand ihn gar nicht fies. Er sah anders als die andern aus. Ich wollte trotzdem allein sein.

Alle sollen weggehen. Er auch. Muß nicht sofort sein.
Der Fremde stellte sich hinter uns und begann zaghaft, meine Hüfte zu streicheln. Ich sah mich nicht um. Ich tat, als merkte ich nichts. Ich wollte nicht, daß dieses sanfte und erregende Streicheln aufhörte.
Mehr wollte ich nicht. Ich wollte nicht abgeschleppt werden von jemandem. Ich hatte keinen Defekt, ich konnte sehr gut alleine durch mein Leben fahren.
»Agnes«, flüsterte meine Freundin. »Mein Schwarm ist da. Ich stell mich mal zu ihm rüber, ja?«
Ja klar. Da ging sie. Einem zweifelhaften Schicksal entgegen, fand ich. Ist es denn so sicher, daß Männer sein müssen im Leben einer Frau? Und wenn: Ist Furcht dann etwa nicht berechtigt?
Fürchtet euch nicht. Ich wandte mich um.
»Du bist sehr schön«, log der Junge ungeschickt. »Wie eine Filmschauspielerin. Hast du einen Freund?«
»Ja«, log ich vorsichtig zurück. »Er müßte gleich kommen. Er wollte mich abholen.«
Wir standen ratlos und schauten uns an. Dann küßten wir uns.
»Ich bin Türke«, sagte der Junge. »Ich heiße Mustafa. Schlimm?«
Wir küßten uns lange und drückten uns aneinander an der Cafémauer, und er streichelte wieder meine Hüfte dabei. Ich nahm seine Zunge in meinen Mund wie ein kleines Tier, das ich beschützen und stillen wollte. Das kleine Tier machte feine Kapriolen und Kunststücke, dann schmiegte es sich zärtlich an und schmuste und schmeckte an mir herum. Eine nackte Hand besuchte mich hinter dem Stoff meines Minirocks wie ein Kater, der sich anschleicht. Vor dem Mauseloch machte er halt und strich zart um es herum.
»So feucht«, flüsterte er. »Ich möchte dich gern ficken,

willst du das? Komm, du willst das«, sagte er losgelassen und hirnlos und nahm meine Nase in den Mund. Er nahm meinen Kopf in beide Hände und saugte an meinen Lippen und biß in meine Ohren. Er stubste seine unter dem Jeansstoff eingezwängte Schwanzspitze gegen mich. Er nahm mich Stück für Stück in Besitz, als würde er überall Schildchen befestigen: Gepachtet. Dann nahm er mich ganz mit.

Er fuhr gemächlich sein Auto und seine Fracht durch die Nacht nach Hause, unter Beachtung kleinster und unsinnigster Verkehrsregeln. Obrigkeitsfürchtiger Fremder in einem strengen Land.

»Du fährst wie eine Frau«, lachte ich.

Zwei Freundinnen gingen spazieren und rätselten miteinander über das Verhalten eines Jungen. Katzen lauerten wichtigtuerisch unter den knisternden, warmen Autos. Ein kleiner Hund lief diagonal über die Straße, er schien das nicht anders zu können. Ein armer Kerl hatte in klassischer Pose den Arm gegen eine Wand gewinkelt, hielt seinen Kopf dagegen und reiherte mit seinem ganzen Leib, ich konnte das so gut verstehen. Alles hingeben. Nicht mehr denken, nur noch eins sein mit den Zuckungen, nah an nichts. Nur noch das ist wichtig, die Notwendigkeit ist so zwingend.

Es war schön, mit dem Jungen zu fahren. Ich fühlte mich wohl wie ein Hund, der gerne mit dem Auto fährt. Ich war zufrieden, daß was passierte.

Ein fremdes Haus, und ich darf hinein, weil ich einen der Mieter kenne. Er hat Schlüssel und schließt alle Türen auf, die uns im Weg sind.

Der übliche Altbau mit hohen, lackierten, vergilbten Wänden. Der muffige Geruch. Die Briefkästen. Der Kinderball. Der Stapel »Super-Woche« auf der Treppe. Die mit irgendwas inividualisierten Türen der Studenten.

Mustafas Wohnung war ärmlich. Er hatte schmutzige, unordentlich beschriftete Musikkassetten mit alter Discomusik und ein braunes, großes Fernsehn mit wenigen, verrauschten Programmen. Ein Mann tat für Geld grad darin, als glaubte er den Anrufern, die ihn mit erfundenen Psychoproblemen verarschten und um Rat fragten. Die Autos brausten laut an der Wohnung vorbei. Mustafa ließ die klapprigen Plastikjalousien runter.
Wir waren allein. Mußte es jetzt passieren? Wir standen ein bißchen blöd in diesem Zimmer und wußten nicht. Die Autofahrt hatte uns ernüchtert und uns wieder zu uns selbst gemacht.
Ich denke, daß oft das Schicksal es lenkt, wenn Mann und Frau aufeinandertreffen. Es arrangiert die Begegnung. Dann allerdings läßt es die zwei allein. Dann müssen sie selber sehen: Improvisation oder Schema F?
»Sollen wir was spielen?« überlegte Mustafa. »Kannst du Poker? Komm, wir spielen Poker. Strip-Poker, ja? Ich zeig es dir. Das ist Full-House, Royal Flash ...«
Ich lernte schnell und gewann. Er nahm das Spiel ernst und ehrgeizig und jammerte um jedes verlorene Kleidungsstück. Dann holte er auf. Ich faltete ein Stoffteil nach dem andern sachlich und regelgerecht neben mir auf dem Stuhl, bis es nichts mehr zu falten gab. Mustafa sah mich an und wies auf seine zeltförmige Unterhose, das hatte ich aber schon längst gesehen. Er lächelte glühend über seiner Erektion und streckte seine Hände nach mir aus.
Seine Haut war fein. Er war eigentlich ein Würstchen, aber hübsch wie etwas Künstlerisches.
Er steckte mir seine warmen Zeigefinger in die Ohren. Er bohrte mir seine heiße Zungenspitze in den Nabel. Er band meine Hände lasch an die Bettpfosten, mit Socken, weder er noch ich trugen Nylonstrümpfe. Er war ein hoffnungsvoller Junge, er hatte schon vor dem Ausgehen ein paar

Kondome unter seinem Kopfkissen deponiert, oder er schlief immer mit ihnen unter dem Kissen aus Gründen magischer Beschwörung.
»Mach du das bitte drüber«, sagte er, aber ich stellte mich nicht geschickt dabei an.
Mustafa versuchte, mich zu motivieren.
»Stell dir vor, du wärst in einer Wüste«, sagte er. »Du hast seit Monaten keinen Mann mehr gehabt, du hast ein Kondom, und da kommt ein Mann, er hat einen Ständer, aber er hat keine Hände! Was würdest du tun?«
Ich lachte, aber das mit dem Ständer stimmte nun auch nicht mehr, und Mustafa zeigte dramatisch auf sein Glied. Ich fand, es sah auch so noch hübsch aus, aber Mustafa gefiel es so gar nicht, und er beschwerte sich.
»Sieh, was du gemacht hast! Mach es sofort wieder ganz! Ich will meinen Ständer zurück!«
»Du mußt an etwas Unanständiges denken«, riet ich.
»Nein!« protestierte er. »Ich will einen anständigen Ständer! Mach mir den! Ich biete dir eine Mark. Fünfzig Pfennig. Eine Telefoneinheit ... Nein, warte, ich weiß was: Wir spielen, du wolltest ihn unbedingt blasen, und ich wollte nicht. Fang an.«
»???«
»Sag: Bitte, Mustafa, laß mich dir einen blasen!«
»Nein! Ich hab keinen Bock auf dich! Ich habe eine andere. Sie kann das besser als du. Ich verlasse dich und die Kinder.«
»Erbarmen! Mein Herr und Gebieter, bitte laß mich ...«
»Hol mir erst Zigaretten! An dem Automaten draußen. Du brauchst dir dazu keinen Slip unter deinem Rock anzuziehen! Wenn du dann wieder da bist, und alles richtig gemacht hast, darfst du mir einen blasen. Aber nicht zaghaft! Richtig, wie in einem Porno.«
Dressur ist ein Phänomen.

Als ich zurückkam, saß Mustafa auf dem Boden, hatte eine Flasche Wein aufgemacht und schon nett was daraus weggetrunken.
»Ich will dir etwas zeigen«, sagte er. »Ich habe gute Tricks drauf. Greif mich mal an!«
Er versuchte, seine Kung-Fu-Griffe anzubringen, aber sie wollten nicht klappen.
»Du machst es nicht richtig!« klagte er. »Noch mal!«
Er probierte eine krumme Rolle vorwärts, die auch nicht hinhaute. Er küßte mich. Er kuschelte sich an mich wie ein Tierchen und hatte wieder was, das er in mich hineintun konnte. Und wieder ein Stück hinaus, und wieder hinein.
Das bekannte ewige Hin und Her, das einen überall sonst im Leben nerven würde. Aber hier war es wie gemeinsam atmen und einander was zeigen.
Dann wurde uns dunkel zumute, und wir krabbelten furchtsam übereinander wie zwei Schildkröten, hielten uns wie Frösche umklammert, und dann kamen wir, ein völlig ungeklärtes Phänomen, für das Orgasmus nur ein Wort ist, das nichts sagt und nichts weiß.
Mustafa ruhte sich auf meinem Rücken aus; sehr leicht schmiegte er sich an mich, sein Schwanz flutschte raus, wir lachten. Wir legten uns nebeneinander und spielten mit den Zehen. Wir schliefen, machten wieder was, schliefen, und ich lernte im Halbschlaf seinen Namen.
Mustafa … Das klang wie ein ausländerfeindliches Spott- oder Schimpfwort und war schwer über die Lippen zu bringen für mich, aber ich übte. Mustafa, Mustafa, Mustafa. Bald konnte ich nichts anderes mehr sagen.

13

Bad luck wind been blowing at my back
I was born to bring trouble to wherever I mess.
Got the number 13 tattooed on my neck.
I pray dont't look at me, I pray I don't look back.
I was born in the soul of misery,
never had me a name.
They just gave me the number when I was young.
(Johnny Cash, »Thirteen«)

Ich war 13 und düster wie ein vergammeltes Rübenfeld, auf das der Regen platschte. Die Welt war stocknüchtern und vollkommen uninteressant. Nur Essen war mein Freund. Essen kannte ich, damit kam ich zurecht. Wenn Essen da war, war ich nicht allein. Frikadellen und Nudelsalate, bei jeder Mutter anders. Lecker, lecker.

Ich half Oma bei ihrer Heimarbeit, dem Aufnähen von Knöpfen auf Karten. Die Knöpfe mieften und fühlten sich elektrisch an und gaben ein mieses Lebensgefühl ab. Oma krabbelte mir vor dem Fernseher den Rücken dabei, und Opa spuckte auf ihn oder tat so, aus Quatsch.

Er hatte einem Drücker an der Tür aus Versehen ein »Wochenend«-Abo abgekauft, darin stand viel über Sex. Über eine italienische Frau, die wilde Gräfin, die ihrem Liebhaber unter der Dusche den Schweiß von der Haut leckte.

Ich sah im Fernsehn gern das Ohnsorg-Theater und Operetten und »Erkennen Sie die Melodie?« mit Ernst Stankowski. Dann ging ich schlafen und hatte Alpträume.

Rosi Jung kam nach der Schule mit zu mir. Sie erzählte mir von Jungen, die mit ihr gehen wollten.
»Gehen?« fragte ich.
»Knutschen!« lachte sie.
Ich war geschockt. Ging das doch schon mit 13 los? Hieß das, ich war auch bald dran? War das nicht so dunkel und gefährlich, daß einem schwindlig wurde?
»Der Schulbusfahrer hat mich auch geküßt«, setzte Rosi noch einen drauf. Jetzt reichte es aber. Sie log. Ich begleitete sie mit dem Rad nach Hause. Sie zeigte mir ihre Neil-Diamond-Sammlung, ich fühlte mich minderwertig, dann gingen wir in die Kaufwelt, Möbel gucken in der Schlafabteilung, Riesenbetten mit Überbauten und Nebensachen und hinterhältiger Beleuchtung. Wir übten uns darin, die Unterschiede zu bewerten. Es ist wichtig, was man kauft und gut findet. Verkäuferinnen geisterten zwischen den Gegenständen und signalisierten einander Rüstigkeit und Munterkeit. Wie geht's? Letztes Mal ging's noch. Ist aber lange her. Ha ha.
»Und hier ein neuer Leistungsbeweis aus unserer Fleischabteilung!« kam es aus versteckten Lautsprechern. Da sah ich den Regaleinräumer.
Er hatte seinen Hosenstall aufgemacht und ließ eine Art Rüssel heraushängen, der groß und prall, aber nicht steif war, sondern baumelte. Er hatte einen Becher Erdbeerjoghurt in der Hand, und mit einem Löffel bestrich er langsam sein Glied und lächelte vor sich hin. Das Ding ging zuckend höher, und das Milchprodukt rann an ihm herunter in sein krauses Schamhaar. So ein Bild vergißt man nie im Leben.

Als ich auf dem Rückweg durch das Naherholungsgebiet fuhr, begegnete er mir wieder.
Er hatte wohl Feierabend und machte eine Radtour mit einem Freund.

»Heute abend schlag ich dich im Malefiz-Spiel!« rief er dem zu, und der parierte:
»Erst schlag ich dich! Wer als erster bei ›Kuckartz‹ ist!«
»Der gibt einen aus!«
»Gebont!«
Sie traten hurtig in die Pedale. Er sah mich kurz erschrokken an. Dann waren sie weg.

Ich hielt am Kiosk, um mir ein Eis zu kaufen.
Kleine Kinder waren vor mir dran und gaben eine lange, detailierte Fruchtgummi-Bestellung auf.
Da stand er plötzlich neben mir. ER. Mein erster Mann.
Er war eine Art halbwilde Arbeitsbeschaffungsmaßnahme der Stadt und trug einen orangenen Overall mit phosphoreszierenden Diagonalstreifen. Er hatte ein verwegenes, schmutzig wirkendes Gesicht. Er kritzelte etwas auf einen Zettel und sah mich dabei an. Dann klebte er ihn auf die Getränkekarte des Kiosks. Es war eine Zeichnung, zwei Nackte beim Sex. »Das bin ich – Das bist du« hatte er dazu geschrieben. Er beugte sich verstohlen zu meinem Ohr.
»Ich will dir etwas zeigen«, sagte er. »Ich hab etwas für dich.«
Die Kinder hatten ihre Order schon wieder geändert. Ich würde später noch mal wiederkommen. Ich ging mit dem Mann.
Er führte mich in einen Schuppen neben dem Kiosk.
»Es muß aber ein Geheimnis bleiben!« sagte er und schob den Riegel vor.
Mama sagte immer, ich sollte mich schämen, alle andern hielten Ordnung. Ha ha, Mama. Hier war auch nicht aufgeräumt.
Der Mann drückte mich an sich.
»Wir machen es uns schön, ja?« sagte er.
Er faßte mit seinen vielen Fingern unter meinen Rock. Das

war ein ungewohntes Gefühl, machte er da was kaputt? Es fühlte sich an, als liefe was aus. Er ließ sich auf einen Stuhl plumpsen und mich auf seinem Schoß sitzen wie auf einem Pferd. Er schubste mich ein paarmal mit seinem Unterleib. Er stöhnte leis und schloß die Augen.
Ich hatte mir schon fast gedacht, daß es DAS war, was er mir zeigen wollte. Ich bin nicht naiv. Ich ahnte schon, daß das hier wohl auf SEX hinauslaufen sollte, und ich war nicht vorbereitet, und es war zu spät, sich zu informieren. Ab wann bekommt man ein Kind? Wann muß man sagen stop? Gehorcht er, wenn man's sagt? Kann der Samen irgendwie von selber in die Scheide kommen im Gewühl?
Sollte man dann nicht lieber die ganze Zeit die Unterhosen anlassen, um ganz sicher zu gehen, daß der Penis nicht auf einmal doch rein in die Scheide flutschte?
Ich machte mir große Sorgen, aber er war nett, er ließ mir meine Sachen an.
Ich war erleichtert. Ich nahm doch an, daß der Stoff das Schlimmste abhielt. Jetzt fand ich es interessant, wie seine Schenkel mit den Arbeitshosen zwischen meinen Beinen rumquetschten und wie er sich an meine Unterhose drückte und dran rieb. Rosi hat mal eine Socke über eine Kerze getan, und von einem Jungen in meiner Klasse erzählte man sich, er würde immer Shampoo in eine hohles Brötchen geben. Es ging um die richtige Mischung von Flutschen und Reiben.
»Dreh mal deinen Kopf zu mir«, flüsterte er. Oje.
Kaum hatte ich das getan, drückte er mir seine riesengroße Zunge in den Mund. Er verlangte viel von einem Kind, fand ich und war geschmeichelt. Er tat ja fast, als wenn ich eine Frau wär. Ich streichelte seine Zunge vorsichtig mit meiner wie ein Pferd. Er zitterte und spannte seine Finger steif an und wuschelte durch meine Haare.

»Man wird durstig, oder?« sagte er. »Möchtest du was trinken?«
Manieren hatte er ja. Ich nickte.
Er holte seinen Penis hervor.
»Komm, probier mal«, sagte er. »Das schmeckt besser, als du denkst.«
Ich zweifelte daran, aber ich nahm ihn tapfer und gespannt in meinen Mund, und er pinkelte mit Mühe einen kleinen Tropfen gegen meinen Gaumen. Er schmeckte unerwartet scharf wie Rettich und intensive Fleischbrühe, würde ich sagen. Ich tat ihn schnell wieder aus dem Mund, und er griff nach meiner Hand und legte sie um sein Ding, das angenehm und unerwartet warm war, sofort spritzte der Samen raus.
»Ah«, sagte der Mann.
Dann gab er mir 50 Pfennig für ein Eis. Damals kostete Eis noch so wenig, aber man verdiente ja auch nicht viel. Das waren ganz andere Zeiten damals, das kann sich heute keiner mehr vorstellen.

Ich war beschwingt, als ich weiterfuhr. Ich fuhr Schlangenlinien aus Spaß. Ich muß sagen, ich fand das ausgesprochen seltsam und aufwühlend, was da gewesen war. Eine glitzernde und faszinierende Dunkelheit kam da raus. Es hatte mit nichts was zu tun, das einem sonst als das Leben verkauft wird. Es war eher wie der Tod, und ich war stolz, das erlebt zu haben. Ich wollte am liebsten von jetzt an nur noch diesem Erlebnis gehören und diesem Sexgott, der mir die Unterwelt gezeigt hatte.
Viele Jahre sind seitdem vergangen. Rosi Jung ging ab, und Opa, Oma und Henry Vahl leben nicht mehr. Die wilde Gräfin wurde verhaftet, und von Ernst Stankowski hab ich auch ewig nichts mehr gehört. Aber ich, ich bin immer noch 13.

FESTGEFAHREN

Ich schäme mich. Ich wollte doch nur mal gukken. Wie die Gegend jetzt aussieht, in der ich als Schülerin Nachhilfe gegeben hab. Ob sie diese Sozialbaracken wirklich weggebaggert haben, wie damals geplant.
Ich war betroffen und gerührt, als ich an der ersten Ecke gleich diesen Brennplatz sah, auf dem die Leute Autoreifen und alte Fernseher einzuäschern versucht hatten: Es hatte sich nichts geändert. Die Zeit war stehengeblieben, und man konnte in ihr spazierengehen. Es war still in ihr, wie im Auge eines Wirbels.
Die Häuser waren allerdings nicht mehr aus grauem Rohbaustein, sondern aus einem synthetischen weißen Fertigmaterial, und die Antennen waren nicht mehr stachelig, sondern rund wie Schüsseln. Und die Leute waren nicht mehr draußen, sondern drinnen, weil es hundert Programme rund um die Uhr gab.
Aber immer noch war dieser Platz nur über einen schusselig geteerten Feldweg am Rande des Ortes zu erreichen, so daß kein Fremder ihn zu Gesicht bekäme.
Er sah vergessen aus, als gäb es ihn und gäb ihn nicht.
Es würde sein, als wär ich gar nicht wirklich dagewesen, wenn ich jetzt mein Auto drehte und nach Hause führe.
Ich drehte mein Auto, gedankenverloren. Meist klappt ja alles irgendwie von selbst beim Autofahren. Doch diesmal nicht. Die Karre fuhr sich fest. Sie wühlte ihre Reifen in den staubigen Lehm auf dem Feld wie ein Hund seine Pfoten in einen Kaninchenbau. Sie stand stur und allein auf weiter Ebene und rührte sich kein Stück.

Ich konnte erst nicht glauben, daß es wirklich nicht mehr weiterging, dann schämte ich mich. Daß ich jetzt hier feststeckte, war der Beweis dafür, daß ich wirklich hier hingefahren war.
Aber ich würde es zu Haus niemandem erzählen, tröstete ich mich, für sie würde es so bleiben, als wär es nicht passiert.
Jetzt muß ich an einer dieser Türen schellen und jemanden bitten, mir zu helfen und mich rauszuziehen, damit ich wieder weg von dieser Gegend komme.

Eine Möse auf zwei Beinen. Statt Kopf nur Nebel und eine todsichere Geistesabwesenheit. Mir passiert das manchmal, ich bin dann ferngesteuert und weiß nicht, was damit bezweckt wird. Es könnte sein, es ist eine Trance, wie bei jemandem, der auf der Jagd ist. Es könnte sein, daß er auch selbst gejagt wird. Vielleicht fühlt sich auch eine fleischfressende Pflanze so. Passiv, fatalistisch, doch mit geheimem Plan und einer vegetativen, herzlosen Gefräßigkeit. Oder eine Raupe. Eine Schnecke. Wenn ich in diesen Zustand komme, kann ich zum Beispiel nicht mehr gut rechnen. Ich bin ohne Gedanken auf was völlig andres konzentriert, das mich von allem andren wegzieht.
Wer hat diesen Hang in mich hineingebaut, warum legt sich diese Schleimspur an, wohin soll ich darauf rutschen, was in mich hinein?
Man darf der Neigung niemals nachgeben, aber man kann nicht anders, da liegt das Problem.
Wo?
Da!
Es liegt verschnürt im Graben, in eine alte Plastikplane eingewickelt. Ich will nicht wissen, was das ist.
Wenn man sich solche Mühe gibt, es zu verpacken, soll man es lieber nicht mehr aufmachen.

Es könnten alte Pampers sein. Ein abgetriebnes Kind.
Die Nachgeburt der alten Malek.
Ich weiß auch nie, warum in solchen Gegenden wie dieser immer Klamotten in den Stacheldrähten um die Wiesen hängen. Socken, Unterhosen, filzige Pullover. Stumme Zeugen von Verbrechen?
Einmal hab ich in der Ruine einer verlassenen Scheune gewühlt. Da hab ich säckeweise Verschlüsse von Hattric-Flaschen gefunden, nur die Deckel. Was soll man mit so was anfangen? Wenn man etwas findet: immer so was.
Mein Onkel hat diese Dinge gesammelt. Er ging auf Müllkippen, um darin zu wühlen. Er schleppte es nach Hause und stapelte es in seinem Garten. Die Leute, als sie wußten, daß er alles wollte, schleppten alles an, und er kippte es in seinen Garten. Als der Garten voll war, stopfte er es in alle Zimmer seines Hauses. Im Garten überwucherten es die Pflanzen. Ich hab immer getippt, er hat eine Leiche da drunter versteckt, er häuft den ganzen Krimskrams der Welt darauf, um diese Leiche zu verbergen. Nicht nur mein Onkel hat das so gemacht. Es ist ein Vorgang, der die ganze Welt beherrscht, und an meinem Onkel kann man sehn, wie's weitergeht. Jemand rief das Ordnungsamt an. Das Ordnungsamt war tolerant und schläfrig, sie sagten, ja, das wüßten sie, da könne man nichts machen, das sei das Grundstück dieses Mannes. Der Jemand aber wollte dieses Grundstück haben, um selbst darauf zu bauen. Er sagte, da wärn Ratten, die Kinder hätten Angst, die Ratten würden beißen und Seuchen übertragen. Das Ordnungsamt setzte sich seufzend in Bewegung. Mein Onkel kriegte Briefe, er soll aufräumen. Aufräumen oder man räumt es selbst und schickt ihm die Rechnung, die er nicht bezahlen kann.
Ich glaub, mein Onkel hatte Angst, daß sie die Leiche finden.

Er legte sich ein Stück Hanf um den Hals.
Es stand dann in der Zeitung. Auch die Geschichte von der Birke, die in einem Hinterhof stand, und alle Mieter unterschrieben einen Brief ans Amt, sie wolln die weghaben, sie wirft im Herbst zu viele Blätter ab. Oder der Mann, der eine zahme Elster erschoß, weil sie seinem Kind nachlief, und er hatte Angst, sie beißt und überträgt die Tollwut. Die Elster war aber nur zahm gewesen, alle Leute haben sie gefüttert und an Menschen gewöhnt. Es gibt Millionen solcher Geschichten. Vielleicht werd ich sie mal sammeln. Ich werf sie in den Garten und laß Gras darüber wachsen.
Um welche Leiche zu verbergen?
Ja, welche wohl. Guck dich mal um. Ist hier noch jemand außer dir?
Nein, hier ist niemand.
Kein Anzeichen von Leben im klassischen Sinn. Ich weiß nicht, ob abgemeldete Autos, Satellitenschüsseln und kaputte Fernseher Anzeichen von Leben sind.
Diese Häuser sehen alle gleich aus. An welchem soll ich schellen? Was macht mir auf, wenn ich dran klopf?
Nichts, niemand. Die Türen sind abgeschlossen. Und ich hab durch die Fenster geguckt: Die Zimmer, sie sind leer.
Sie sitzen also doch nicht in den Häusern und sehn fern. Wieso dann Satellitenschüsseln?
Die Felder abgemäht, das Leben abgeräumt, die Ernte haben andre eingefahren.
Die Erde hier frißt sich ein bißchen in die Haut, wenn man sie in der Hand knetet, sie ist wohl sauer. Man kriegt sie schlecht ab, sie will mit weg von hier. Wenn man in dieser Erde liegt, wird sie wohl richtig über einen herfallen und sich in einen ätzen. Dann bleibt nichts mehr von dir übrig. Als wär nie was gewesen.
Ich hab was gehört. Ich geh mal hin. Es kommt von hinter

dem hintersten Haus. Da, hinter dem Haufen alter Autobatterien. Da ist jemand. Ein Junge. Er wurschtelt an einem Auto rum, ich glaub, er schlachtet es aus.
Er trägt einen tintenblauen Trainingsanzug vom Bund aus den 70ern, mit Ölflecken drauf. Ich kenne die, die kleben auf der Haut, und man kriegt schlechte Laune, wenn man sie berührt. Sie fressen sich in die Haut wie diese Erde. Der Junge sieht ja wild aus.
Normalerweise würde ich solch einen Jungen niemals ansprechen, wenn ich mit ihm allein bin. Aber ich muß mit dem anscheinend einzigen Bewohner dieses Planeten irgendwie in Kontakt treten. Mein Raumschiff braucht doch Starthilfe.
Er blickt auf. Die Haare fallen ihm aus dem Gesicht. Das sagt man so, oder? Es klingt ganz fremd. Fallen aus dem Gesicht. Das Essen fällt einem aus dem Gesicht. Die Schuppen fallen einem von den Augen. Fällt. Fell. Feld.
»Entschuldige. Kannst du mir vielleicht helfen? Mein Auto steckt im Feld fest.«
»Ich guck es mir mal an«, sagt er, mit einem Akzent, den ich nicht einordnen und auch nicht nachmachen kann.
Wir gucken es uns an. Es steckt im Staub der Wüste. Verwunschen, surrealistisch, ein Ding aus einem Film, ein Traum.
»Ich kann es mal mit dem Abschleppseil versuchen«, sagt der Junge. ›Abschleppseil‹ klingt aber seltsam, heißt das wirklich so?
Wieder hin zu den Baracken. Er macht die Tür zu einer auf. Sie ist fast ausgeräumt. Eine Matratze ohne Bettuch. Kein Abschleppseil.
»Nein, nein, das such ich ja auch nicht«, sagt er. »Das ist in meinem Auto hinten drin. Ich such was andres.«
Zigaretten. Ich will keine. Er raucht und sieht mich nachdenklich an dabei.

Schwarze, eingeölte Wellen. Augen wie ein Rind. »Young girls with eyes like potatoes«, ich könnte schwören, daß Madonna das in »La isla bonita« singt, aber das kann doch unmöglich sein, da hab ich mich bestimmt verhört! Augen wie Kartoffeln solln sie haben? Wo nachher die Keime rauskommen, oder was soll das heißen? Augen groß wie Kartoffeln. Klein wie Kartoffeln. Braun wie Kartoffeln. Da will Madonna hin, wo die Frauen solche Augen haben. Da ist sie mit ihren Augen König.

Dieser Junge hat also große, dunkle Kuhaugen, und seine Nase ist ein großer Zinken. Er hat einen düstren Balkan-Orient-Blick und viele Haare auf den Armen. In seinen Kreisen mag das angesagt sein, aber in meinen Kreisen darf man nie auch noch ein goldnes Kettchen dazu tragen. Tut er aber. Fettes, protziges Gold erhebt sich über die billigen Kunstfasern seines Schmuddelanzugs.

»Ich rauch nur noch die Zigarette, dann guck ich mal«, sagt er.

Bitte.

Er braucht sich nicht zu beeilen, ich hab doch zu danken. Ich bin froh, daß er mir helfen will.

Er guckt völlig blickleer vor sich hin. Wahrscheinlich guck ich auch so. Die Atmosphäre ist hier tierisch dicht, man nimmt sich kaum noch selber wahr, nur sie. Sie atmet schwer. Sie röchelt fast. Sie liegt wie ein Vieh in der Luft, gleich sind wir platt.

Er räuspert sich.

Die Luft ist echt zum Schneiden. Fette, alte Stücke könnte man rausschneiden und in einer Pfanne rutschen lassen durch das Öl.

»Hatten Sie sich verfahren oder was?«

Ich sag mal besser ja.

»Hier kommt nie jemand hin. Im Augenblick wohnt hier noch niemand«, sagt er. »Die Leute kommen später.«

Der Junge hat zu viele dicke Muskeln. Das kommt bestimmt vom Bodybuilding. Ich finde Bodybuilding doof.
»Kampfsport«, sagt er.
Die Zigarette ist zu Ende. Er drückt sie aus.
»Da wolln wir mal.«
Aber wir kriegen mein Auto nicht raus. Nicht wenn ich es fahre, nicht wenn er es fährt. Wir müssen einen Schleppdienst oder so was anrufen. Er hat ein Handy drüben im Haus. Also wieder rüber. Er hat auch Durst. Will ich auch was trinken?
Er haut sich auf seine Matratze und läßt sich aus einer Flasche Wasser in den Mund und über das Gesicht laufen. Das ist korrekt, ich will ihn nicht drängeln. Die Rettung ist ja nah, ein Anruf, und bald bin ich weg hier.
Aber er macht keinerlei Anstalten, sein Handy zu zücken. Er lächelt süß und zärtlich zu mir rüber, als erwache er aus dem Ernst in eine tändelnde, lustige Welt.
Er hat ein anderes Programm gefunden. Man hat ihn mit der Fernbedienung umgeschaltet. Gott macht das mit Hormonen.
»Legen Sie sich doch auch was hin. Sind Sie nicht müde?« sagt er und streckt seine Arme nach mir aus.
Er macht nur Quatsch, er lacht.
»Oder haben Sie Angst vor mir?«
Ich hab noch keine Angst, aber das Spiel ist mir zu heiß. Schließlich sind wir wirklich alleine hier, und ich kenn ihn nicht. »Kommen Sie, wir kuscheln was. Kuscheln Sie nicht gerne?«
Ich mache eine beleidigte Miene. Ich hab keine Lust auf diese Schiene, er soll mein Auto aus dem Staub holen.
»Lieben Sie Pornos?« ruft er, greift unter die Matratze und wirft eine Handvoll Heftchen wirbelnd durch die Luft. »Ich hab noch mehr!« Er wirft noch mehr herum. »Hier, Majestät! Und hier, mein Engel!«

Oh, Gott, jetzt dreht er durch.
»Ich mach nur Spaß«, sagt er.
Ich hoffe es. Ich weiß nicht richtig, was ich machen soll.
»Wo hast du denn dein Handy?«
»Mein Handy? Welches Handy? Ich hab kein Handy, haben Sie eins?«
Ich werd gleich sauer.
»Ein Handy! Ein Handy!« singt er albern. Dann beruhigt er sich langsam.
»Welche Nummer?« fragt er sachlich.
»Das weiß ich auch nicht. Haben Sie kein Telefonbuch?«
»Sind Sie nicht im ADAC?«
»Doch, aber ich hab meine Mitgliedskarte nicht bei. Vielleicht sollten wir die Polizei anrufen? 110, glaub ich.«
»Die Polizei! Sehr gut! Ej, was ist das? Es tut es nicht. Et tut et nich. Die Batterie ist leer!«
Wahrscheinlich wieder einer seiner Witze.
»Ist nicht schlimm, oder? Warum wollen Sie denn überhaupt weg von hier? Erst wollten sie hin, jetzt wollen Sie weg. Bleiben Sie doch noch. Es ist doch schön hier.«
Seine Augen lachen.
»Komm her«, sagt er mit einer andren Stimme. »Sieh ihn dir an, den Helden.«
Er dreht sich auf die Seite zu mir hin und macht seinen Reißverschluß auf. Er holt da ein Gerät raus, wie einen nagelneuen dicken Sportwagen aus einem miesen, alten Schuppen.
Sein Schwanz steht im Raum wie ein Zeichen für unbekannt oder unendlich oder gefährlich. Warum will er mir das zeigen? Warum will überhaupt jemand vielleicht mit mir schlafen?
Ich hab das nie wirklich verstanden. Das Gegenteil aber auch nicht.

»Ist er schön? Was findest du schöner, beschnittene Schwänze oder welche mit Vorhaut?«
Das ist mir vollkommen egal. Außerdem kann ich's mir ja jetzt wohl nicht mehr aussuchen, oder?
»Beschnittene Schwänze sind schöner«, sagt er selbstbewußt. »Sie sind hygienischer und männlicher. Ich habe einen schönen Schwanz. Darüber bin ich froh.«
Er guckt wohlgefällig an sich runter.
»Och, guck mal, er weint. Er hatte schon so lange keine Freundin mehr. Willst du ihn trösten? Nein? Doch. Mach bitte deine Bluse auf. Bitte. Ich hab doch bitte gesagt. Bitte.«
Es guckt doch keiner zu. Es steht nicht morgen in der Zeitung. Wir haben keine gemeinsamen Freunde, denen er es erzählen könnte.
Ich mache meine Bluse auf und hole meine Brüste raus.
»Komm näher«, sagt er.
Ich knie mich zu ihm hin, und er drückt sein heißes, dickes, langes Ding zwischen meine Brüste. Er sieht selber so heiß aus dabei, beinah traurig, und so ernst, als ginge es um was sehr Wichtiges, das unbedingt getan werden muß, mit voller Konzentration und ganzem Herzen. Er wirft mich von meinen Knien und schiebt ihn mir etwas mühsam rein. Wir wälzen uns durch den Schmutz. Ich will ihn nicht. »Mach's mir, mach's mir«, keucht er sinnlos, aber wir sind ja dabei, es geht schon nicht mehr anders. Ich bin ein Stück Schmutz in der Ecke, ein Stück Staub, das aufgewirbelt wird.
Er hat so einen großen Schwanz. Er macht mich ehrgeizig und gierig. Ich möchte unten liegen, unter allem. Ich will, daß er mich dem Erdboden gleichmacht.

Mein Auto verrostet da, wo es sich festgefahren hat. Sie haben es schon ausgeschlachtet. Sie schlachten alles aus.
Sie recken mir ihre Schwänze entgegen. Anonyme, illegale Menschen, die es hier gar nicht geben darf. Ohne Papiere,

mit falschen Papieren. Ich habe Durst nach dem Samen, den sie in mich tun, mit dem sie mich bedecken, ich könnte tausend Tassen davon trinken. Wo ich hinfaß, ist ein fester Schwanz, es ist wie ein Spiel auf einem großen Instrument aus Fleisch mit vielen Tasten und Registern. Ich möchte nie mehr, nie mehr leben.
Ich werd nie mehr mit meinem Auto fahrn.

Ich finde es irritierend, daß auch Männer, die ich nicht mag, Pimmel haben. Wem's steht, wer's tragen kann, okay.

Aber nicht jeder, der geschrien hat: »Ich auch!« bei der Verteilung der Geschlechtsteilchen, hätte auch eins kriegen dürfen. Ein Engel muß sich seine Flügel schließlich auch verdienen. Es ist sehr gut, daß sich die Männer wenigstens ein Paar Hosen drüberziehen. Leider tuen das nicht alle.

Das ist nämlich jetzt zum Beispiel schon das 3. Mal, daß der Froschkönig sich mir gezeigt hat.

Ich wollte bloß Kaninchenheu holen bei ihm für meinen Vater.

Froschkönig stand in seiner Scheune, grünes T-Shirt über dickem Bauch, und sprach: »Hallo, Prinzessin, so allein?« Deshalb nenne ich ihn Froschkönig; in Wirklichkeit ist er ein Bauer bei uns auf dem Dorf hier. Froschkönig kam lächelnd auf mich zu, und schwupp, fluppt ER raus wie ein Teufel, ein Sonnenstrahl fiel auf die Eichel. Sie glänzte wie ein Minarett, wie diese Kuppeln, die sie kacheln, auf Moscheen. So rosig und lachend, nett und frech, so harmlos tuend. Froschkönig war stolz.

So manche Männer sind stolz auf ihre Pimmel wie auf Autos mit zuviel PS, oder Kampfhunde, die sie zwischen ihren Beinen kaum gebändigt kriegen. »Was der mir schon für Schwierigkeiten eingebrockt hat!« sagen sie und tätscheln ihre Tiere.

»Komm näher, Prinzessin«, sagte er. »Du kriegst auch was dafür!«

Er hat das schon mit vielen Frauen hier gemacht, ich glaube, es hat nie geklappt.
»Dann gib mir deinen Schrank!« hat meine Freundin mal zu ihm gesagt, als sie ihre Szene mit ihm hatte. »Du hast so einen Bauernschrank, der säh in meiner Wohnung prima aus.«
»Ist gut, Prinzessin«, sprach der Pimmelmann.
»Dann ruf ich jetzt mal meinen Onkel und meinen Vater an, daß sie schon mal mit dem Handwagen vorbeikommen und den Schrank holen.«
Das ging dem Mann zu weit, sie durfte gehen.
Er tut mir leid, auf eine Art.
Mir tun aber auch seine Kühe leid.
Wenn ihre heiße Zeit gekommen ist, dann muhen sie den ganzen Tag so aus der Tiefe ihrer zylinderförmigen Körper, aus diesen Röhren, die sie sind, wie Nebelhörner, ein tiefes, sehnsüchtiges Tuten. Sie springen über die Zäune und irren in den Gärten rum und suchen Stiere. Die Stiere aber, die sind im Gefängnis. Mein Vater hat mir das einmal gezeigt. Es war ein viel zu kleiner Bau, wie eine Toilette, neben einem Bauernhof. Mein Vater sagte, in dieser Zelle sei der Zuchtbulle drin.
Der Zuchtbulle hat keine Chance zu fliehen. Die Frauen seiner Tierart auf den Wiesen singen ihren brünstigen Soul und Blues in der Nacht, er hört sie singen, er brüllt zurück vielleicht, aber er kann nicht helfen, nicht sich, nicht ihnen.
Es war in früheren Zeiten einmal gut für die Bauern, daß ihre Tiere sich freiwillig vermehren wollten. Sie kriegten neue Tiere ganz umsonst dadurch.
Aber das ist lange nicht mehr so. Es gibt eine festgelegte Anzahl von Kühen, die sie haben dürfen, und ich glaube, sie kriegen sogar Geld für jede Kuh, die sie abschaffen, und das liegt an der EG. Die Kühe sind ein Opfer der Politik. Sie haben keine Macht in diesem schlimmen Spiel. Sie tun mir ungeheuer leid.
Es geht nur noch um Milch und Geld.

Wenn die Zeit zur Paarung kommt, ist es den Kühen nicht mehr egal, gefangen zu sein. Wie oft hatten wir schon vor Geilheit irre Kühe in unserem Garten zwischen den Rosen stehen. Der vorschriftsmäßige Hergang ist, daß man dann alle Bauern anruft, die im Dorf sind, und sie kommen gukken, ob das ihre sind, und fangen sie wieder ein. Es ist so hoffnungslos.
Sie haben so schöne Augen, die Kühe. Seelenvoll und dunkel und groß, wie Sophia Loren. Sie brauchen einen Stier. Es ist nichts Böses, daß sie das auch selber spüren. Was die Bauern ihnen antun, wird den Bauern selbst auch angetan.

Es ist ein heißer, flimmernder Sommer. Ich liege in meinem Bikini im Garten, und mein schwarzes Radio neben mir kocht gleich, es zieht die Sonne magisch an. Die Sonne sieht im Schwarz ihr Gegenteil, das macht sie heiß darauf. Alle sind heiß in diesem Sommer, in diesem Dorf, und jeder wird auf seine Art nicht damit fertig.
Von den Feldern höre ich die Bauern auf den Treckern knattern. Die Motoren vibrieren unter ihren Leibern, und die Sonne stürzt sich hungrig und böse auf ihre Geschlechtsteile und brät sie in den Hosen, bis sie triefen. Sie werden subventioniert und fahren Mercedes Diesel mit verbilligtem Benzin, aber ich glaub, sie quälen sich.
Sie sind freier als ihre Tiere, immerhin. Sie können nachts zur Paarungszeit aus ihrer Wiese raus und in die Disco. Da singen Soulsängerinnen, was die Frauen in den Discos fühlen, die Frauen singen's nicht mehr selbst, sie schämen sich, sie lassen Platten für sie spielen. Dann tanzen sie dazu. Die Bauern gucken zu oder machen mit. Vielleicht klappt dann ja auch mal was. Ich wünsch es ihnen.
Es wird nur nie was Festes, beinah nie. Die Frauen wollen keinen Bauern heiraten, weil sie dann auf dem Hof mit arbeiten müssen.

Die Bauern bleiben meistens dann allein.
Und wieder kommt die Langeweile durch.
Immer wieder kommt sie durch, wie Unkraut hier im Dorf, als wäre sie, was hier so richtig hingehört. Wie eine dunkle, alte Grundierung, man streicht was drüber, doch sie kommt immer wieder durch.
Die Kinder turnen auf dem Klettergerüst. Ihre Eltern stehn dabei. Die Telefonzelle daneben hat man wegmontiert, weil keiner hier telefoniert.
Wenn man sein Auge auf Kleinigkeiten richtet, ist manches bewundernswert schön. Wenn man zum Beispiel nah an das Unkraut rangeht und ihm ins Gesicht blickt, staunt man, wie magisch und unfaßbar hübsch es blüht. Wie aus Märchen, neugeboren und uralt.
Als ich kleiner war, wünschte ich mir, die Bäume wären Männer. Geheimnisvolle und überwältigend große Rindenprotze mit ihrem Duft nach Nadeln, Eicheln, Erde, mit ihren dicken Armen und dem mächtigen Stamm. Ich wollte mich ausbreiten wie ein Seestern, und sie würden langsam zwischen meine Beine fallen. Ich wollte den Himmel an mich ziehn, damit er mit mir schläft. Ich wollte wie die Schenkel einer Straße von einem Auto überfahren werden. Ich träumte, ich wohnte in einem Haus aus Glas. Die Straßen wackelten. Die Nacht war schön und warm, aber ich hatte Angst. Ich tanzte, aber weil ich mich dabei beobachtet fühlte, wurde ich unsicher, und meine Beine wuchsen zusammen wie der Fruchtkanal einer Blüte.

Ich werd nicht gern gesehn.
Wenn ich abends zu mir reingeh, ziehe ich meine Vorhänge zu, und keiner sieht mich mehr von außen, alles ist nur innen. Es ist schwül bei mir wie in einem Terrarium, und ich bin ein Reptil, das eine große Hitze lähmt.
Es brauchte nichts zu geben. Am Anfang war das ja wahr-

scheinlich so. Doch das war dann wirklich nichts, und es wurde doch etwas gemacht, von dem aber klar war, daß es sich am Ende selbst vernichten würde, wenn andre nicht so zuvorkommend sein würden. Es wurde von großer, berükkender Schönheit, die die Bilder übertrifft, die von ihm gemacht werden. Nur sieht man es vor lauter Bildern kaum noch.
Ich schalte oft das Fernsehn ein, damit diese große Schöpfung und Natur in den Hintergrund tritt. Es tut scheinbar gut, sie zu ignorieren. Man fühlt sich überfordert. Man kann da gar nicht mithalten.
Ich machte mir mein Abendbrot beim Fernsehgucken. Ein Mann im Fernsehn krümmte sich beim Singen. Die jungen Frauen im Publikum wirkten dankbar und voller Emotion wie er. Sie öffneten ihre Lippen und streckten ihre Arme nach ihm aus.
Da schellte es bei mir.
Ich wollte erst nicht aufmachen, aber das Fernsehn war laut und hatte mich bestimmt schon verraten. Man merkt es mit den Ohren, daß ich da bin. Man hört, wenn meine Hosenbeine beim Gehn so peinlich aneinanderquetschen oder meine Knöchel so senil knacken. Man spürt es mit den Nerven in der Haut, wenn man gegen mich läuft.
Wahrnehmbarkeit macht verantwortlich. Nur Leichen lassen sie in Ruhe. Aber die nehmen sie auch wahr. Da stimmt was nicht mit meiner Theorie.
Ich drückte das Stück Holz vor meiner Höhle raus.
Ein Junge stand vor meiner Tür.
»Guten Tag, ich wollte die neuen Trikots und Schuhe abholen«, sagte er. Er war vielleicht 16.
Oh, stimmt, heute morgen hatte ich ein Paket angenommen, für den Mann über mir, der die Jugend trainiert.
Ich zeigte dem Jungen das Paket.
Der Junge versuchte, es zu heben, stöhnte und ließ es fallen.

»Es ist sehr schwer«, sagte er und sah mich hilfesuchend an. Keine Reaktion. Muß ich immer reagieren?
»Könnten Sie mir vielleicht das Paket mit runtertragen?« versuchte er es noch mal. »Ich will es auf mein Mofa schnallen.«
»Tut mir leid«, sagte ich. »Ich bin zu faul. Kannst du nicht jemand anderen fragen?«
Der Junge ging folgsam wieder raus und probierte die anderen Klingeln durch.
»Es ist keiner da«, berichtete er mir kläglich.
»Hast du ein Pech«, sagte ich. »Müßt ihr wohl ohne Trikots spielen.«
Der Junge lachte. Er dachte, ich machte Witze.
Ich fand ihn hübsch. So übertrieben lebendig. Er hatte große Augen, große Nase, Segelohren, alle Sinne überdimensioniert. Er strahlte angeschalteter und stärker als ein Fernsehapparat.
»Komm mal her«, sagte ich. »Ich will dir etwas zeigen. Du willst doch gar nicht wirklich Fußball spielen, du suchst doch etwas andres, oder? Ich weiß, wo es versteckt ist. Es wohnt in einem Loch, es ist ganz nah und heiß, und alle haben Angst davor.
Vor Fußball hat kein Junge Angst, obwohl der viel gefährlicher ist. Da herrscht ein irriges und inniges Vertrauen, und euer Trainer nutzt das aus. Diese alten Trainer-Leute wollen das Leben zu einem banalen Spiel unter Männern machen. Sie füttern ihr Ego mit Jungen wie dir. Und dann hast du deine Jugend vertan, die Knochen kaputt, die Sehnen überdehnt und Muskeln gezerrt und fängst an zu saufen und kriegst einen Bauch und kommst auf den Schrott zu den Alten Herren, und der Fußball sucht sich neue Menschenopfer, denn dazu wurde er erfunden von den alten Priestertrainern der Maya, wußtest du das nicht? Das erzählt man euch nicht bei eurer Mannschaftssitzung, was?«

Er sah mich erschrocken an.
»Ja«, sagte ich. »Sie haben auch Menschen zu Fußbällen geformt und gefesselt und die Stufen ihrer Pyramiden runtergerollt. Sie sagten ihnen, das sei wichtig, um die Götter zu beschwören. Laß sie das nicht mit dir machen«, sagte ich. »Laß dich nicht verarschen. Sport ist nicht wichtig. Die Götter gucken gar nicht Fußball. Sieh mich zum Beispiel an.«
Ich legte meine Beine auf den Tisch und machte meinen Mantel auf. Ich habe einigermaßen große Brüste und so. Ich seh manchmal ganz gut aus.
»Ich trage kein Trikot, ich kann noch nicht mal einen Ball einfetten, und ich lebe doch. Zugegeben, andere würden wahrscheinlich durchdrehen, wenn sie so leben müßten; man braucht sehr viel Geist und Niveau dazu.«
Betretenes, peinliches Schweigen summte im Raum wie eine Fliege. Der Junge wich verwirrt meinem Blick aus. Er hatte Angst, ich wär verrückt.
Ich stand auf und ging auf ihn zu.
»Ich bin nicht verrückt, falls du das glaubst«, sagte ich ihm ins Ohr. »Ich bin nur schrecklich geil. Wie die Bauern, nur noch schlimmer, ich krieg kein Geld von der EG.«
Ich lächelte sanft.
»Ist dir heiß?« fragte ich mit gespieltem Bedauern. »Du hast eine ganz rote Rübe.«
Ich strich ihm mitleidig über den Kopf. Dann drehte ich den Wohnungsschlüssel um und zog ihn ab. »Wir sind nicht da«, sagte ich.
Ich setzte mich zu ihm und nahm seine Hand.
»Ich mache dich nervös, nicht wahr?« sagte ich. »Du willst zu deiner Mannschaft. Das Spiel fängt gleich an, und du glaubst, du wärst da wichtig. Aber glaub mir, sie werden einen Ersatzmann für dich finden, und wir haben jetzt 90 Minuten Zeit, über deine Auswechselbarkeit zu meditieren.«

Ich schlug ihm leicht meine Brüste ins Gesicht und knöpfte ihm Hemd und Hose auf. Ich legte seine Hand auf meine Brüste. Sein Schwanz richtete sich auf.
»Ich möchte böse zu dir sein«, sagte ich. »Du hast mich beim Abendbrot gestört wegen deiner blöden Trikots, weißt du das? Dafür wirst du bestraft. Ich fresse dich jetzt auf.«
Ich griff in die Schale Quark, die ich mir zum Abendessen gemacht hatte, und packte eine Handvoll auf seinen Steifen. Ich leckte und biß wild an ihm herum, bis alles wieder ab war. Erst alles vollmachen, dann wieder alles abmachen, ist doch blöd, was? Könnte man sich sparen, oder? Es fragt sich nur, wofür. So schlecht geht's uns noch nicht, daß wir am Essen sparen!
»Sag, daß du mich liebst«, verlangte ich hirnlos und opferte noch mehr von meiner Brotzeit, um einen quarkbeschmierten Finger langsam in seinen Hintern gleiten zu lassen und mich dabei an ihm zu reiben, man macht schon Sachen. Sein Schwanz war rot und dick. Ich atmete nah und heiß an seiner Eichel. Dann zog ich ihn in mich hinein.

Ich lag zerflossen auf meinem Bett. Er ruhte wie mein Futter in mir, erschöpft und friedlich. Sein Samen sickerte gemächlich aus mir raus. Wir waren schon zwei Helden. Ich hätte mit meiner Möse rülpsen mögen, so satt war ich.
Da bimmelten die Glocken zur Messe. Der Richter pfiff das Spiel an. Der Junge zuckte im Schlaf mit den Beinen wie eine Katze, er träumte vom Fußball.
Das gibt man niemals auf, ich weiß. Ich hatte ihn mit meinem Vortrag ja auch nur ein bißchen ärgern und einnebeln wollen. Ich wollte vielleicht siegen, aber nicht vernichten.
Ich schlief ein. Die Welt und ich hatten Ruhe von mir.

Sie haben in den alten, schmutzigen Trikots gespielt, erzählte mir der Junge später. Er hat sich mit einer Mofapanne rausgeredet.
Na siehst du, die Welt ist gar nicht untergegangen, als wir sie schwänzten, sie ging sogar ein Stückchen auf. Wir konnten uns prima vielmals durch den Türspalt quetschen und in viele Zimmer sehen. In jedem saß ein anderer Apostel in goldenem Gewand, und im letzten sahen wir sogar die heilige Dreieinigkeit in ihrem Feuer und Glanz.
Doch wem erzähl ich das.

SCHNEE

Der Ort in Holland, in dem der kleine Ricki wohnte, sah aus wie eine traurige, modernisierte amerikanische Kleinstadt. Die weite, leere Kreuzung wurde verschwenderisch beleuchtet von viel zu hohen Laternen.
Die paar Menschen draußen sahen verfroren und schäbig aus, und die Grüppchen von Jugendlichen gefährlich gelangweilt.
Den Wohnblocks hatte man die Namen von Planeten gegeben.
Ich ging mit Ricki, dessen Kinderfrau ich war, dort vorbei. Ricki fühlte sich hier nicht so beklommen wie ich. Er mochte, was er sah, und kannte jeden Hundehaufen. Wörtlich.
»Gleich Hundekaka«, kündigte er an, und wirklich, da lag ein dicker Haufen neben der Bushaltestelle mit dem Camel-Plakat.
Ein fremdes kleines Mädchen beobachtete uns von weitem und fing an zu zeigen, was sie konnte. Handstand, Brücke, Rad, ich erklärte Ricki die Begriffe. Dann kam sie rüber.
Ricki sah sie traurig an und warf ausdruckslos seine Plüschmaus aus dem Wagen. Das Mädchen verstand das Spiel; sie hob die Maus auf und wackelte mit ihr vor Rickis Gesicht. Ricki lachte. Das Mädchen fand ihn süß, trotz der trockenen Reste von Rotz und Milchschnitte in seinem Gesicht, die ich noch nicht weggemacht hatte. Sie ging mit uns weiter. Sie erzählte mir, daß eine Fußballmannschaft aus der Gegend an dem Tag 10:0 gewonnen hatte gegen eine andere, deren Namen sie nicht wußte. Und daß sie gedacht

hatte, das wäre die Kelly Familie live gewesen, die Techno-Musik auf dem Markt grade, sie hätten da eines ihrer berühmten spontanen Konzerte gegeben.
»Ich bin Kelly-Fan«, sagte sie. »Immer wenn ich irgendwo Musik höre, meine ich, das wäre die Kelly Family, die träten vielleicht um die Ecke auf.«
»Das ist, weil du es dir wünschst«, sagte ich.
»Ja. Im Dezember spielen sie in Den Haag. Da fahr ich hin. Sie sollten in Kerkrade spielen, aber dann wurde ihr Vater krank, und der Auftritt fiel aus. Ihre Mutter ist schon tot. Sie starb, als Angelo noch ein ganz kleiner Junge war.«
Plötzlich lief sie ohne Tschö über die Straße, schellte an einem Haus, und ihre Mutter ließ sie rein.

Vor einer Spielhalle, die armselig mit »Las Vegas« und »Fun« blinkte, lungerten Jungen.
Einer sagte »Süße« zu mir. »Süße, komm zu mir.«
Sie rechnen nicht damit, daß man dann wirklich kommt, sie wollen sich nur großtun und die Zeit totschlagen.
Warum stehen sie vor den Spielotheken? Warum gehen sie nicht rein spielen? Oder heim, ins Haus Saturn, Pluto oder Jupiter?
Suchtkranke Menschen auf Parkbänken starrten vor sich hin.

Ich brachte Ricki in sein Bett.
Aus dem Wohnzimmerfenster konnte ich die Spielhalle weiter beobachten. Die Jungen haben Sehnsucht wie ich, glaube ich. Was sollen sie sonst empfinden? Sie möchten gern, daß was passiert.
Meine Großtante Melanie hat sich die Männer von der Straße in ihr Dienstmädchenzimmer raufgeholt, das wird noch 70 Jahre später über sie erzählt, sie holte sie sich einfach rauf.

Die Uhr tickte. Man hört das komischerweise vor allem dann, wenn die Zeit stillzustehen scheint.
Es roch nach frisch gewaschener Wäsche in dem kalten Wohnzimmer.
Es fing an zu schneien. Trockene kleine Kristalle fielen vom Himmel. Ich wußte nicht, wie diese Heizung anging. Jetzt wurde es dunkel und noch immer kälter. Da hörte ich den Schlüssel in der Tür fummeln. Sie kamen nach Hause. Ich konnte gehen.

Die Winterluft schlug mir kalt ins Gesicht und war bös zu mir, sie hatte mich nicht lieb. Die Wolken wälzten sich über den Himmel, die Tiefs rollten heran und »bestimmten unser Wetter« mit großen, kosmischen Bewegungen, ich war unwichtig. Ich hätte keine Chance.
Ich stapfte zu meinem Auto. Einer der Jungen von grade folgte mir durch den Schnee. Ich hatte erst ein bißchen Angst, aber er lächelte. Ich hatte sofort Vertrauen zu ihm, ich weiß nicht, wieso. Klug sah er aus, aber von dieser Art Klugheit, mit der man praktisch nicht viel machen kann; sie ist nur da für einen selbst, damit man sich nicht auch noch selbst verliert, wenn man verliert.
»Fahren Sie schon?« fragte er. »Haben Sie bei den Leuten auf das Kind aufgepaßt? Ich habe 4 Geschwister. Ich paß auch oft auf sie auf. Darf ich Sie zu einer Tasse Tee einladen?«

In dem Café, in das wir gingen, hatten viele Leute verwüstete, aufgequollene, rote Gesichter, als wäre der letzte Tag von Karneval. Sie sahen alle aus, als läge eine große Last auf ihnen.
Drei alte Frauen tranken Tee mit Rum.
»Sie ist die große Liebe seines Lebens«, sagte die eine. »Er hat gesagt, mit dieser Frau will er auch noch mal ein Kind.«

»Mein Eiermann hat sehr, sehr große Eier«, sagte Nr. 2. »Ein sehr, sehr netter Mann!«
»Das nehmen uns die Grünen alles von der Rente weg«, hörte ich die dritte sich beschweren.
Von unten stank es nach nassem Hund. Da lag eine Art Boxer. Er war mit kurzem, borstigem Fell bezogen, wie manche Soldatentornister, wie diese surrealistische Tasse. Das Fell atmete, er lebte. Verhext und animiert wie in einem Puppenfilm. Sein Gesicht war fast nichts als ein schleimiges Maul. Boxer sollen liebevolle und liebesbedürftige Tiere sein.
Der Junge schaute mir auf den Mund, und seine Lippen zitterten. Er war ganz versunken in Gedanken.
Wir guckten uns in die Augen.
»Ich finde Sie nett«, sagte der Junge. »Mögen Sie mich auch?«
»Ich weiß nicht«, sagte ich. »Ich fühle mich zu fremd im Augenblick.«
»Ich fühl mich immer fremd«, sagte er.
»Das ist jetzt sehr wichtig, was ich sage!« sagte ein betrunkener Mann am anderen Tisch zu einer Frau, auf die er die ganze Zeit schon einredete.
Wir lachten ein bißchen.

Die Toilette war ein origineller Platz mit ordinären Grußpostkarten aus aller Welt. Die Wirtin hatte wilde Freunde überall.
Mein Pipi war heiß. Ich preßte meine Stirn auf meine Knie. Ich wollte nicht mehr rausgehen und weiterleben. Warum zwingt man sich zu etwas, das so große Mühe macht.
Als der Depri nachließ, machte ich die Tür auf. Da stand der Junge.
»Ich hab gesehen, wie Sie mich angeguckt haben grade, da …«

Ich hab auch gesehen, wie er mich angeguckt hat. Er weiß nicht, wie er guckt, ich auch nicht, wir sind beide nicht dran schuld.
Wenn man erkennt, daß der andere Mensch eine Seele und ein Herz hat wie man selbst, ist man verloren. Ich bin froh, daß ich das nur selten spüre. Dann sagt mir kein normaler Rat mehr, wie ich sehn und handeln soll. Dann hab ich in das dreizehnte Zimmer geschaut und darin erblickt, was nur ein Heiliger wissen sollte. Ein normaler Mensch kann dieses Wissen nicht verkraften, es bringt ihm Unglück.
Ab dann kann man sein Verhalten nicht mehr rechtfertigen. Man tut dann alles, was man nicht tun sollte; man erkennt den Fehler und tut ihn weiter, bei vollem Bewußtsein, trotz Angst, Gefahr und schlechtem Gewissen.
Der Junge küßte mich. Der Stoff meiner Jeans wurde naß und flutschig, und seine hatten eine Beule, die gegen den Reißverschluß stieß wie die Kälbchen gegen die Trinkklappen an den Wassertränken auf der Kuhweide, vielleicht hat das schon mal jemand gesehen.
Ich ging in die Knie und legte mein Gesicht an sein warmes Glied. Generationen von Vorfahrinnen erwachten aus meiner Ahnenreihe und schwirrten um mich herum und gaben mir Tips und Einfälle. Hallo Oma! Hallo Tante Melanie.
»Ich hab dich gern«, sagte er leise zu mir. Das soll er nicht sagen. Es kann nicht stimmen, wir kennen uns nicht, und was ich grade tu, verpflichtet ihn zu nichts.
Ich möchte nicht sentimental sein.
Mein Leben steht unter einem sonderbaren Stern, aber es gibt größeres Pech als ich es habe. Es gibt Leute, die kriegen nur acht Mark fürs Babysitting, ich krieg zehn. Es gibt kranke Leute, Leute, die gefoltert werden, Wahnsinnige und Süchtige, und Leute, die alles verloren haben. Ich darf mich nicht bedauern. Ich will lieber gut sein zu jemandem, das hilft viel besser, hoffe ich.

Also war ich gut zu ihm.
Ich leckte das Salzige, Klare, Fadenziehende weg, das aus dem kleinen Loch in seiner Eichel kam. Ich hatte Lust, ungeheuer lieb zu ihm zu sein, bis zum Durchdrehen. Seinen Penis zu pflegen wie ein todkrankes Kind, das ich gesundbeten will. Das ich einpacke zwischen meinen Brüsten und meinen Lippen und necke und wiege, wie eine Frau im Irrenhaus ihre Puppe.
Der Junge kam in meinem Mund. Ich spürte, wie er sich spannte und sich losließ und in seinem Schaum einschlief wie ein Baby.
Das sind heilige Momente.

Draußen sah es auch heilig aus. Weiß und glitzernd und windstill. Er brachte mich zu meinem Auto und küßte mich wieder.
Man müßte verschmelzen können, wie Schnee, nehmen wir den zum Beispiel, wenn er schon überall rumlag.
Ich möchte mich niemals von ihm trennen. Sein Schicksal soll auch meins sein, auch wenn es ein ganz dunkles ist, dachte ich.
Sehen wir uns wieder? Ja. Wann?
Als ich im Auto sang, klang meine Stimme warm und schön wie niemals sonst. Ich werde müde, wenn ich Angst hab, und ich habe große Angst. Ich wünschte, jemand käme und würde mir das Leben abnehmen. Er könnte es haben und es weiterleben, wenn er wollte. Für mich ist das nichts. Ich bräuchte einen Schutz um mich herum wie eine Mutter, denn ich bin nicht fertig. Ich bin zu früh geboren.
Lieber Schnee. Ich brauche etwas dringend, das ist –

DAS WAR SEX FÜR MICH

Ich wollte ein Pferd

»Habt ihr Pferde?« fragte ich.
»Ja. Wenn du willst, kannst du mal drauf reiten.«
Wie oft hab ich mir diesen Dialog erträumt.
Pferde sahen so lieb aus, sie waren genau wie ich.
»Wenn du Pferde willst, mußt du einen Bauern heiraten«, behauptete mein Vater. Mein Gesicht wurde lang. Die Bauern waren herbe Typen und ihre Gäule plump und schwer. Sie konnten nichts dafür, man hatte sie gekreuzt. Ihr wahres Pferdsein war in dicken Muskeln eingemauert. Ich wollte aber ein wahres Pferd, einen Araberhengst, wie Ri, aus »Durch die Wüste«. Wenn das nicht ging, einen Mustang.
Träume! Alles, was ich hatte, war ein Stock.
Ein Besenstiel, von dem ich mir vorstellen mußte, er wär ein Pferd. Ich schämte mich und ritt nur auf dem Stock, wenn keiner zusah. »Hüa!« schrie ich, »hüa!«
Dann war der Stock auf einmal weg, ich suchte ihn und trauerte. Er war zwar lächerlich schmal gewesen, aber er hatte mich unabhängig gemacht. Breiter und näher am Leben, aber weniger selbständig, war es, auf dem Rücken eines andren Kindes zu reiten, das mir zuliebe auf allen Vieren lief und sich die Knie dabei aufschrammte.
Der Nacken meines Vaters war auch einmal ein Pferd für mich gewesen, genau wie Federbetten und die Stämme umgefallner Bäume. Macht über Pferde hatte ich auch, wenn ich mit Halmafiguren Gestüt spielte. Sie kriegten

verwegene und adlige Namen und wurden auf dem Mensch-ärger-dich-nicht-Brett ins Rennen geschickt. Sie waren von unsichtbarer, großer, edler Schönheit, jedes anders.

Strickliese

hieß die Puppe aus Holz, aus der unten eine Kordel kommt, während ihr Kopf oben mit Wollfäden gleichsam denkt. Strickliese, nicht Fickliese, und trotzdem hatte diese Figur für mich etwas mit Sex zu tun. Beim Spielen stellte ich mir vor, wie sie sich fühlte, wenn die Wolle innen gegen ihre Wände rieb und sie diese lange Nabelschnur zur Welt brachte. Ein geiles Gefühl. Ich mochte sie ganz gern, im Gegensatz zu den Babuschkas, die ich gespenstisch fand. Es ist eine unangenehme Vorstellung, daß man immer nur dasselbe findet, wenn man in es vorstößt, immer nur Babuschka, immer kleiner. Und daß man vielleicht selber ist wie seine Mama, seine Oma, seine Uroma, immer kleiner, immer weiter weg, alle sind in einem drin.
Da will mich jemand nur erschrecken. Er will, daß ich Angst krieg und mich klein fühl.
Aus dem Wetterhäuschen an der Wand kam, wenn es regnete, der Mann mit einem Regenschirm nach draußen, bei Sonne kam die Frau. Nie waren sie zusammen in dem Haus. Das machte mir wirklich Sorgen. Wie mochte ihre Ehe aussehen?
Die Stofftiere waren Männer und gehörten zu meinem Bruder, die Puppen waren Frauen und gehörten zu mir. Sie hatten Königreiche, heirateten und führten Kriege. Die Tiere zogen sich nie ihren Pelz aus. Die Puppen spalteten sich nie zwischen ihren Beinen.

»Durch meine Schuld, durch meine Schuld, durch meine übergroße Schuld«, das war ein sehr geheimnisvoller Text für mich. Die Erwachsenen, sogar die Omas, sprachen ihn mit Ernst und Inbrunst, und ich war beeindruckt, daß sie anscheinend schwer was auf dem Kerbholz hatten, wovon wir kleinen Kinder keine Ahnung hatten.

Die Schwester meiner Oma, Tante Ludmilla, war schizophren. Ihre Manie war das Predigen gegen das, was sie »die feuchte Sünde« nannte. Sie war sich ihrer unheilvollen Macht als Frau bewußt: Sie konnte menschliches Unglück durch die Sünde zur Welt bringen. Deshalb hatte Tante Ludmilla eigentlich nie sündigen wollen, aber dann wurde sie geheiratet und mußte. Sie erzählte, daß sie immer das Ofeneisen zum Kohlenstochern zwischen sich und ihren Mann ins Bett gelegt hätte. »Dann hab ich es EINMAL weggelassen!«

»Und? Was ist dann Schlimmes passiert?«

»Da ist der Zweite Weltkrieg ausgebrochen!«

Und sie brachte Tante Maria und Tante Roswitha zur Welt. Von einem Mal kann das aber nicht gewesen sein.

Tante Maria gebar das spuckende Kleinkind Rudi, das immer irgendwie mit schmutzigem Sex für mich zu tun hatte. Onkel Peter hat Tante Roswitha mal mit einer Axt aus dem Klo geholt, weil sie zu lang drauf saß. Sie saß auf allem zu lang drauf. Ein umgekehrter Magnetismus warf sie immer wieder auf ihren Platz zurück, wenn sie eigentlich aufstehn wollte, um ihre Wohnung aufzuräumen oder was zu kochen. Es fiel ihr unheimlich schwer, sich aufzuraffen, man muß sie sich als etwas ständig in ihr Sofa hinein Zerfallendes vorstellen.

Die Sünde aber hatte Tante Maria von Tante Ludmilla geerbt. Sonst gab's ja nichts zu erben. Tante Maria war sogar mal Bardame gewesen. Ich glaube, sie war es, der die Kataloge mit Sexwäsche gehörten, die Onkel Stanislaus aus einem Mülleimer geholt hatte und uns für unser Lagerfeuer gab. Es tat mir leid, die Hefte zu verbrennen. Die Kleider sahen prächtig aus mit der Spitze, den Rüschen, dem glänzenden Material. Das Feuer leckte an den Frauen auf den Fotos und fraß sie auf wie Hexen. Aber das vernichtete sie nicht wirklich. Sie würden mit dem Rauch in den Himmel aufsteigen wie meine Briefe an das Christkind.

Pipi

Kein Wort über Sex sagten uns die Erwachsenen, und an ihre Geschlechtsteile wurde ich nur erinnert, wenn sie Pipi machen mußten.
Tante Antonia nannte Pipi machen »püscheln« und mußte es sehr oft. Papa erzählte, es gab in ihrer Kindheit keinen Gang zur Kirche sonntags, an dem sie ihm nicht unterwegs ihre Handtasche in die Hände drückte, »mal schnell püscheln« nuschelte und sich in die Büsche schlug. Dort hockte sie sich nicht hin. Sie pinkelte im Stehen, wie eine Kuh, sie zog nur ihre Unterhose ein Stück zur Seite. Pinkeln im Stehen können weder Männer noch Frauen richtig gut, es läuft immer was die Beine runter oder spritzt gegen was und fällt zurück auf einen. Ich hab mir schon viele Gedanken drüber gemacht, warum so viele Menschen sich trotzdem nicht dabei hinsetzen. Ich glaube, sie empfinden es als demütigend, sich durch die Hockstellung zu verkleinern. Vielleicht ist es die Angst vor Feinden, man muß blitzschnell fliehen können. Aber ich habe noch von keinem Menschen gehört, daß er im Stehen A-A gemacht hätte ... Nun ja, die Welt ist groß. Das kann es alles geben. Je älter ich werde, um so klarer wird mir, wie komplex

das Ganze ist und wie viele verrückte Dinge Menschen heimlich tun. Ich habe gesunde junge Männer aus Faulheit im Bett in ihr leeres Bierglas pinkeln sehen, weil ihnen die drei Meter bis zum Klo zu weit waren. Ich hab gesehen, wie sie in Waschbecken urinierten und am Strand auf ihren Bauch. In Schwimmbassins, in Betonmischer. Und ich hab bestimmt bei weitem noch nicht alles gesehen! Dennoch schmerzen meine Augen schon.

Einmal sah ich, wie mein Vater an einen Baum pinkelte. Er stand dabei nicht senkrecht und hielt es fest wie einen Gartenschlauch. Sondern er winkelte seinen Arm gegen den Baum, legte seinen Kopf dagegen, stand schräg und ließ es einfach runterhängen und so wild hin und her spritzen, wie der Strahl es wollte. Dann packte er es wieder ein, ohne abtropfen zu lassen. Davon kamen die obszönen, gelben Spuren vorn in Papas Langen. Später kamen sie von selbst, wie Blut auf dem Gewand von Mördern. Niemand hatte das gemacht. Papa und auch meine Oma wiesen vehement die Schuld von sich. Das wußten sie auch nicht, wie die Flekken da reinkamen. Sie merkten es halt nicht. Aus alten Leuten fließt es einfach raus.

Eine Altenpflegerin von Oma behauptete, dieses unkontrollierte Pinkeln sei gemeint mit »Ihr müßt so werden wie die Kinder«. Oma hatte schon lange gesagt: »Ich hab dat Dösjen eigentlich nur noch zum Pipimachen.« Aber wie exzessiv sie das geschehn ließ, hatte ich mir nicht vorgestellt! Gegen Ende ihrer Tage schien meine ganze Oma nur noch zum Pipimachen auf der Welt zu sein. Es lief oder sie ließ es laufen, keiner weiß es. Und Mama schien nur noch auf der Welt zu sein, um das sauber zu machen, bis der Katheter endlich kam, auf den Oma sauer war wie auf nen Feind.

»Irmgard! IRMGARD!! Mir hängt was aus dem Bauch! Nimm mir die Kordel ab!«

»Wie soll ich das zu meiner Gesundheit verwenden?« fragte Oma ratlos und äugte mißtrauisch die Fernbedienung ihres Fernsehers an, die sie von einem Tag auf den anderen nicht mehr erkannt hatte.

Haare

Ein schwachsinniger Mann aus meiner Bekanntschaft ist mal gefragt worden, was für schmutzige Wörter er kenne. Er überlegte lange. »Haare«, sagte er dann.
Bei Herrn Mertens, dem Freund meines Vaters, fragte ich mich immer, ob ein Mann mit Glatze auch unten keine Haare mehr hat. Die Frage beantwortete sich halbwegs von selbst, als ich den Mann einmal im Schwimmbad sah. Er war ganz voller Haare, sogar auf dem Rücken, das machte bestimmt nicht unterhalb des Hosenbundes halt. Ich schämte mich für ihn. Ich wollte diesen Mann nicht kennen.
Ich hoffte, niemand sah, daß er mich grüßte.

Illustrierte

»Rolf und Petra machen es bei Weißflog in der Garage! Wir gehen hin, gucken!«
Fröhlich riefen das die Kameraden, doch ich ging nicht mit. Ich glaubte die Geschichten nicht. Rolf und Petra waren 10, und Kinder tun das nicht. Sie können das noch gar nicht. Eltern aber auch nicht übrigens. Die sind zu behäbig und zu alt. Da müßte man ja erst den Bart zur Seite lüpfen, und dann faßt man in Moos, in Spinngeweb und Schimmel ...
Frau Jansen hat es mit einer Schnapsflasche gemacht, die sich festsog, und Frau Voss hat mal betrunken ihren Klei-

derschrank geöffnet und gesagt: »Die Lappen da sind Manfreds Schmuddeltücher …« Ihr Mann Manfred holte gerade Zigaretten aus dem Automaten in ihrem Keller. Sie mußten da immer selber Geld einwerfen, um ein Päckchen rauszukriegen. Sie hofften, sich auf diese Art das Rauchen abzugewöhnen.
Ach, die Erwachsenen!
Ich blieb gemütlich zu Hause und schnitt Bilder aus Illustrierten aus. Der nackten Ingrid Steeger aus Opas Sexzeitschrift klebte ich den Kopf von Inge Meysel auf.
Interessiert las ich die ganze Zeitung.
Auf der Annoncenseite hielt sich eine adrette Frau einen Massagestab mit glücklicher Miene an die Wange. Eine andere, propere und glückliche junge Frau schwor auf selbstklebende Stützschalen für eine »formschöne Büste«. Der Anblick ihrer Busenerektion faszinierte mich. Ich zeichnete sie heimlich nach, das war meine Art Porno, Frauen mit dicken Brüsten. Dann warf ich sie angeekelt und schuldbewußt in den Mülleimer. Da blieben sie nicht lange drin, denn Onkel Stanislaus stöberte auch in unsrem Müll rum. Jahrelang trieb er mir die Röte ins Gesicht mit seinem »Ich hab noch alte Zeichnungen von dir« …
Gern las ich auch die Heiratsanzeigen in diesen Illustrierten.
»Doch dann wendest du dich von mir ab – weil ich nicht tanzen kann!« war eine wiederholte Klage der annoncierenden Frauen. Ich konnte die gemeinen Männer nicht verstehen. Ich war erstaunt, wie wichtig Tanzen für die Männer in der großen, weiten Welt da draußen war. Kein Onkel aus meiner Verwandtschaft legte darauf Wert. Aber das waren ja auch alles Polen.
Vor dem Einschlafen stellte ich mir vor, ich wäre solch eine Frau wie die aus den Anzeigen, die einen fremden Mann

heiratet und gezwungen ist, sich auf ihn einzustellen und ihm zu Willen zu sein. Ein schwarzer Schatten fiel auf mich und warf mich um, und ich verlor das Bewußtsein. Das war Sex für mich.

Silvia Szymanski

Agnes Sobierajski

Roman

Verdammt fies und bedrückend ist die Welt. Dass einem die Babysitter-Agentur tagtäglich Kamikaze-Jobs vermittelt, macht die Sache auch nicht besser. Agnes Sobierajski fürchtet sich vor nichts; sie hat nur immer Angst. Wird Mustafa das ändern?

„Ein funkelndes Stück Prosa: voller Gegenwart, auch Geistesgegenwart.“

Der Spiegel

240 Seiten, gebunden